なま声と収録音声を比較！

危機時の リーダーの 英語

解説 中西のりこ　中嶋圭介
／コスモピア編集部・編

コスモピア

はじめに

　2020年は、得体のしれない不安をどこへ持っていけばよいかわからない年でした。刻一刻と増えていくコロナ感染者数や、暴徒化する人種差別反対運動の報道を見て、誰もが、自分が取るべき行動について考えさせられた年だったのではないでしょうか。そんな中で、それぞれの国や地域の状況に合わせた形で人々を安全な方向へ導こうとするリーダーたちのことばを分析する作業は、私自身が母として娘として教員として、人にどんな声をかければよいかを考える際の指針となりました。

　米国ニューヨーク州のクオモ知事のように力強く人を導くリーダーには程遠い自分がもどかしくて、涙したことさえありました。しかし、誠実に熱く訴えかけるクオモ知事だけでなく、自身も感染者となってしまったジョンソン首相（イギリス）、非言語コミュニケーションに長けたイケメンのトルドー首相（カナダ）、子育てママらしい強さと優しさが政策にもスピーチにも表れるアーダーン首相（ニュージーランド）、国籍も性別をも超えてというフレーズに説得力が増す移民二世でゲイを公表しているバラッカー元首相（アイルランド）、いち早く感染拡大を阻止し経済復興へと向かうリー首相（シンガポール）、理系オタクらしい理路整然としたスピーチ構成が見事なタン大臣（台湾）。7人それぞれが持ち味を生かして情報発信をしているのを聞き、私の持ち味を生かせる話し方を見つければよいと考えるようになりました。

　みなさんも、家庭や学校・職場・ご近所づきあいなどで、状況を説明したり、人を励ましたり、反論を覚悟で厳しい提案をしたりする機会が日常の中であると思います。そのような時に、あのリーダーならこうやって説明するだろう、励ますだろう、提案をするだろうという風に、論理構成や話し方のお手本を、本書の中から見つけてくだされば幸いです。

　最後になりましたが、様々な事情を抱えた国や地域から個性豊かなスピーチを抜粋し、本書の土台を作ってくださったコスモピア株式会社の編集長・塩川誠氏の素晴らしい人選のセンスに深く感謝します。

2020年12月
中西のりこ

戦争、自然災害、経済恐慌などの危機を国や社会が乗り越えようとする際に、政治家のリーダーとしての資質、中でも演説力が問われる場合があります。新型コロナウイルス感染拡大によるパンデミックにおいても例外ではありません。各国の感染や対策動向がメディア報道（配信）される中、その演説力において国内外で称賛された代表的な7名の政治家の演説を、本書は収めています。

　筆者は、20代後半から30代前半の約9年間を、米国ワシントンDCで駆け出しのシンクタンカーとして過ごしましたが、ある時、米国人の優秀な同僚らとの間で、「この世で一番怖いものは何か」という話題になったことがあります。その時、プレゼンが得意なはずの彼らの複数が、「パブリック・スピーキング」だと答えたことに、意外さを感じたのと同時に、妙に腑に落ちた記憶があります。

　つまり、このことが意味しているのは、米社会においてプレゼンや演説など人前で話す能力が、いかに重視されているかということ。そして、優秀な米国人ほど、幼いころから周囲の期待とプレッシャーの中で、多数の巧みな演説やプレゼンにふれ、自らも場数を踏んで意識的に訓練しているかということです。このエピソードはまた、私たちも「努力すればできる」と教えてくれているとも言えます。

　ところで、危機に際して政治指導者の支持率が上がることを、国際政治学では「旗の下への結集効果」と呼んでいます。コロナ禍においても、諸外国首脳の国内支持率が軒並み上昇する中で、感染対策の成果は日本のほうが良い場合も多いのに、日本の安倍首相（当時）は、逆に支持率が下落したまれなケースでした。断定はできませんが、安倍首相の演説がもう少し巧ければ、結果は違っていたかもしれません。

　しかし、何事も人任せではいけません。私たち自らも演説力を身につけ、皆でもっと強く演説やプレゼンの上手なリーダーを求めることによって、危機に際しても、冷静に事実を直視し、課題を共有し、団結して解決策に当たるための勇気、希望、誇り、連帯感を与える演説のできるリーダーが、日本社会からも出てくるかもしれません。

2020年12月

中嶋圭介

Contents

Unit 1
アンドリュー・クオモ
Andrew Cuomo

解説・中西のりこ

Unit 2
ボリス・ジョンソン
Boris Johnson

解説・中西のりこ

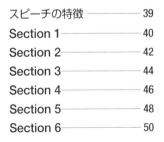

Unit 3

ジャスティン・トルドー
Justin Trudeau

解説・中西のりこ

Unit 4

ジャシンダ・アーダーン
Jacinda Ardern

解説・中西のりこ

Contents

Unit 7
オードリー・タン
Audrey Tang

解説・中西のりこ

スピーチの背景
解説・中嶋圭介

本書の構成

本書は下記のような構成になっています。音声はナレーターがスタジオ録音した収録音声と、スピーカーの本人の声である「なま音」があります。2種類の音声を比較しながら、各話者から抜粋した英文を何度も聞いてみてください。

プロフィール

各話者の経歴です。

スピーチの特徴

本書で取り上げ、抜粋したのがいつどこで行われたスピーチなのかや、各話者の英語の特徴についてふれています。

音声番号

収録音声
アメリカ人のナレーターがスタジオで読み上げた練習用音声です。

本人音声
上記の「収録音声」に続いて、同じ英文が今度は本人の声で収録されています。聞き比べてみましょう。

スクリプト

くり返しリスニングしやすいように、150語前後の英文を抜粋しています。
（）や［］内の英語は本人音声にはありませんが、文法上正しい英語を補って加筆しています。

語注

the Open Government Licence v3.0

Section 1 ▶021 ▶022

感染を止めるために、家から出ないでください

Boris Johnson: （2020年3月23日のテレビ演説より）

Good evening. The coronavirus is the biggest threat this country has faced for decades.

And this country is not alone. All over the world we're seeing the devastating impact of this invisible killer. And so tonight I want to update you on the latest steps we're taking to fight the disease and what you can do to help.

From this evening I must give the British people a very simple instruction. You must stay at home, because the critical thing we must do [is] to stop the disease spreading between households. That is why people will only be allowed to leave their home for the following very limited purposes:

Shopping for basic necessities, as infrequently as possible; one form of exercise a day, for example a run, walk or cycle alone or with members of your household; any medical need to provide care or to help a vulnerable person; and traveling to and from work, but only where this is absolutely necessary and cannot be done from home.

That's all.

(171 words)

語注

coronavirus：コロナウイルス／ threat：脅威／ face：直面する／ decade：10年間
devastating impact：壊滅的な影響／ invisible killer：目に見えない殺人者／ update on...：～について最新情報を提供する／ latest step：最新の対策／ instruction：指示、指令／ critical：重大な／ household：世帯／ be allowed to...：～することを許される／ limited purpose：限られた目的／ basic necessities：生活必需品／ infrequently：まれに／ provide care：介護する／ vulnerable person：体の弱い人、病気にかかりやすい人

40

スピーチの背景　各話者のスピーチの後には、そのスピーチが発せられた社会状況などに関する背景解説がついています。

Boris Johnson
ボリス・ジョンソン　**Unit 2**

訳　こんばんは。このコロナウイルスはこの国が過去何十年かに直面した中で最大の脅威です。

そして、この国だけではありません。世界中で、この目に見えない殺人者が破壊的な影響を与えているのを私たちは目にしています。したがって今晩、私はみなさんに、この病気と闘うために採用した新たな対策と、みなさんが協力するために何ができるかについてお伝えしたいと思います。

今晩から私はイギリス国民のみなさんに、とてもシンプルな指示を出さなければなりません。みなさんは家から出ないでください。私たちがしなければならない極めて大事なことは、この病気が世帯から世帯へと感染するのを食い止めることからです。そういうわけで、みなさんが外出を許されるのは、次の極めて限られた目的のためだけとなります。

・生活必需品の買い物——できるだけ少ない頻度で
・1日1回の運動——例えば走る、歩く、自転車に乗るなどをひとりで、あるいは家族と
・体の弱い人の介護や支援のために医療が必要とされるとき
・そして仕事のための通勤——それが絶対に必要であって在宅勤務ができない場合のみ。

以上です。

 ここに注目！

2020年3月の外出禁止表明からの抜粋です。ここでは文末の声の高さの変化に注目しましょう。例えば冒頭の Good evening. に特徴的に表れているように、前半は文末をすべて下降調で終えています。話者の自信、威厳、内容の深刻さを伝える効果があります。

一方、Shopping for basic necessities,...以降は上昇調のイントネーションが連続します。これは「限られた目的」の例がまだほかにも続くことを示すためです。

そして最後の2文は再び下降調で、それ以外の目的の外出を認めないというルールが厳格なものであるものを示しています。

41

日本語訳

左の英文の段落分けに対応した日本語訳が並んでいます。

ここに注目！

スピーチの構成や英語の発音、強勢、イントネーションなど、抜粋した英文の「注目ポイント」について解説しています。

音声を聞くには

[無料] 音声ダウンロードの方法

簡単な登録で、音声をスマートフォンや
PC にダウンロードできます。

方法1 ストリーミング再生で聞く場合

面倒な手続きなしにストリーミング再生で聞くことができます。

※ストリーミング再生になりますので、通信制限などにご注意ください。
　また、インターネット環境がない状況でのオフライン再生はできません。

このサイトに
アクセスするだけ！ ➡ https://bit.ly/2WzovrF

❶ 上記サイトにアクセス！

❷ アプリを使う場合は
SoundCloud に
アカウント登録（無料）

方法2 パソコンで音声ダウンロードする場合

パソコンで音声をダウンロードして、スマホなどに取り込んで聞くことも
可能です。（要アプリ）

❶ 下記のサイトにアクセス！

https://www.cosmopier.com/download/4864541596

❷ パスワードの「1122」を入力する

音声は PC の一括ダウンロード用圧縮ファイル（ZIP 形式）でのご提供です。
解凍してお使いください。

Unit

1

Andrew Cuomo

アンドリュー・クオモ

アンドリュー・クオモ
Andrew Cuomo

アメリカの政治家

1957 年ニューヨーク・クイーンズ区生まれ。民主党の政治家、弁護士。アメリカ合衆国住宅都市開発長官やニューヨーク州司法長官を歴任し、2011 年より第 56 代ニューヨーク州知事を務める。父親は第 52 代ニューヨーク州知事などを務めたイタリア系アメリカ人のマリオ・クオモ。弟のクリス・クオモは ABC ネットワークのニュースキャスター。

スピーチの
特徴

　コロナ感染拡大防止のための外出禁止令の発表時に「責任は私がとる」という確固たる姿勢を示したことで人々の心をつかんだクオモ知事の記者会見は、「人々の思いを共有する→その時点で何が必要とされているのかを提案する→その提案によって状況がどう改善するかを示す→理解を求める」というスタイルが一貫しています。

　ここでは、わかりやすいスライドとともに正確なデータを開示し現状を説明する論理的な一面と、心に染み入るような豊かなトーンで喜怒哀楽を伝える感情面がバランスよく配置された 2 種類の会見（3月24日の記者会見：Section 1-5、5月31日の記者会見：Section 6-10）を抜粋します。

　状況の捉え方をプラスの方向へ導き、今後の方針を示すというリーダーとしての資質が表れている会見です。スピーチの構成やちょっとした声のトーンの変化・間の置き方に注目して、知事の思いを読み取ってみましょう。

Section 1-5

Section 6-10

Section 1

みなさん自身を救うためにも、ニューヨークを救ってください

Andrew Cuomo: (2020年3月24日の記者会見より)

We are your future and what we do here will chart the course for what we do in your city and in your community.

I'm not asking you to help New York just to help New York.

I'm asking you to help New York to help yourselves.

Let's learn how to do it right.

And let's learn how to do it right here.

And let's learn how to act as one nation.

And let's learn how to act as one nation here.

And we learn the lesson here, we will save lives in your community.

I promise you that.

(99 words)

語注

here：今ここで／ chart a course：進路を示す／ do it right：正しく行う、適切に行う

訳 私たちはみなさんの未来であり、私たちが今することは、私たちがみなさんの町やコミュニティーですることの進路を示してくれるでしょう。

私はみなさんに、単にニューヨークを救うためだけにニューヨークを救ってほしいとお願いしているのではありません。

私はみなさんに、みなさん自身を救うためにニューヨークを救ってほしいとお願いしているのです。

それを適切に行うにはどうすべきかを学びましょう。

そして、それを適切に行うにはどうすべきかを、今ここで学びましょう。

1つの国としてどう行動すべきかを学びましょう。

そして、1つの国としてどう行動すべきかを、今ここで学びましょう。

私たちはその教訓をここで学び、みなさんのコミュニティーの中にある命を救うつもりです。

私はみなさんにそう約束します。

■◁ ここに注目！

　この抜粋の直前では、海外との接触頻度が高く人口が密集しているNY州が最初にコロナの打撃を受けているけれど、ほかの州もいずれ同じ状況に陥ることに備えて、自分たちが全米の実験台となるからまずは人工呼吸器をNYに回してほしいと訴えています。

　WeはNY州、you / yourはアメリカ全体を指しています。また5行目のyourselves と 7、9行目の here で声の高さが急激に変化しているのは「NYだけのためでなくあなた自身のため」「今ここNYで学ぼう」ということを強調するためです。

Section **2**

朝、家を出ていく看護師たちのことを考えてみてください

Andrew Cuomo: （2020 年 3 月 24 日の記者会見より）

This number of supplies will take care of our immediate need. It does not take care of the need going forward, three, four, five, six weeks.

The burn rate on this equipment is very, very high.
I can't find any more equipment.
It's not a question of money.

I don't care what you're willing to pay. You just can't find the equipment now, but this will take care of the immediate need.

I don't want our healthcare workers who are doing God's work; they are doing God's work.

Can you imagine the nurses who leave their homes in the morning, who kiss their children goodbye, go to a hospital, put on gowns, deal with people who have the coronavirus.

They're thinking all day long "Oh my God, I hope I don't get this. Oh my God, I hope I don't get this and bring this home to my children."

（149 words）

語注

supply：供給量／**take care of need**：要望に応える／**burn rate**：消耗の速度／**healthcare worker**：医療従事者／**God's work**：天職（天から授かった務め、神聖な職務）／**gown**：看護衣／**deal with**：処置をする／**coronavirus**：コロナウイルス

訳 これくらいの供給量があれば、当面のニーズには対処できるでしょう。このあと3週間、4週間、5週間、6週間後のニーズには、これでは対処できません。

このような防護具は消耗が非常に速いのです。私にはこれ以上は見つけられません。それは金銭的な問題ではありません。

みなさんがいくら払うかはどうでもいいのです。とにかく今はこのような防護具は品薄なのです。しかし、これだけあれば当面のニーズは何とかなるでしょう。

私は天職（神聖な職務）に関わっている医療従事者たちに……彼らは天職を果たしているのです。

朝、家を出ていく看護師たちのことを考えてみてください。彼らは子どもに「行ってきます」のキスをして、病院に行き、看護衣を身につけ、コロナウイルスに感染した人たちに対応するのです。

彼らは1日中、こう思っているのです。「ああ、神様、どうぞこれに感染しませんように。ああ、神様、これに感染して、これを家に持ち帰って子どもたちにうつしませんように」と。

ここに注目！

　この抜粋の直前では、各地域に送ったマスクなどの医療器具の数について説明しています。

　This numberは送った医療器具の数、this equipmentは医療器具、this will take care of... のthisは医療器具を送ったということ、最後の3つのthisはコロナウイルスを指します。安心な点・不安な点の両方を率直に伝えた上で、すかさず話題を変え、医療従事者が置かれている状況を想像するよう促しています。器具不足について過剰な不安をあおらないように配慮した見事な場面展開です。

感染の恐怖と闘いながら、公のために奉仕する人たちがいます

Andrew Cuomo:（2020年3月24日の記者会見より）

You want to talk about extraordinary individuals, extraordinary?

And it's the nurses and the doctors and the healthcare workers. It's the police officers who show up every day and go out there and walk into a situation that they don't even know what they're walking into.

And it's the firefighters and it's the transportation workers, and it's the people who are running the grocery stores and the pharmacies and providing all those essential services.

Most of us are in our home, hunkered down, worried. They're worried and they're going out there every day despite their fear. Despite their fear, overcoming their fear, and not for their family.

They're doing it for your family. When you see them on the street, when you see them in a hospital, please just say thank you and smile and say, "I know what you're doing."

（141 words）

語注

You want to ...：～しましょう／ extraordinary：並々ならぬ、すばらしい、驚くべき／ individual：個人、人間／ police officer：警察官／ situation：状況／ firefighter：消防士／ transportation worker：輸送・交通機関で働く人たち／ run：経営する／ grocery store：食料品店／ pharmacy：薬局／ essential service：不可欠な［極めて重要な］サービス、仕事／ hunker down：（安全な場所に）避難する／ despite：～にもかかわらず／ overcome：克服する

18

訳 すばらしい人たちの話をしましょう。すばらしい人たちとは？

それは看護師たちであり、医師たちであり、医療従事者たちです。それは警察官たちであり、彼らは毎日、出勤し、現場に向かい、自分が何に足を踏み入れるのかも知らない状況に足を踏み入れるのです。

そして、それは消防士であり、運送業や交通機関で働いている人たちであり、食料品店や薬局を経営している人たちであり、そういったどうしても必要な仕事をすべてやってくれている人たちです。

私たちのほとんどは家にいて、避難していて、不安です。彼らも不安ですが（感染するのが）怖くても毎日仕事に出かけるのです。怖くても、その恐怖を克服しながらですが、それは自分の家族のためではありません。

彼らはあなたの家族のためにそうしているのです。彼らを通りで見かけたら、せめてありがとうと言って微笑み、「あなた方がしてくれていることはわかっていますよ」と言ってあげてください。

📢 ここに注目！

とても速く聞こえる文も、リズムを捉えると理解しやすくなります。例えば2-4文目で強勢が置かれている内容語に注目して、nurses, doctors, healthcare workers, police officers、さらにfirefighters, transportation workers, grocery stores, pharmacies さえ聞き取れば、この人たちについて説明している内容を捉えやすくなります。

コロナ禍の中で仕事をしている人達のことを考えるよう促した後、Most of us... の文の前後に一瞬の間があるのは「おびえながらも家に居られる私たち」と「おびえながらも社会のために働く人たち」を比較するためです。このような「間」もことばのリズムを捉える上で重要な要素です。

19

たとえ人口の1%でもそれは命であり、愛する人々のことなのです

Andrew Cuomo: （2020年3月24日の記者会見より）

80% are going to self-resolve. 20% are going to need hospitals. It's not about that. It's about a very small group of people in this population who are the most vulnerable.

❶ They are older, they have compromised immune systems, they are HIV-positive, or they have emphysema, or they have an underlying heart condition, or they have bad asthma or they're recovering from cancer. Those are the people who are going to be vulnerable to the mortality of this disease.

❷ And it is only 1% or 2% of the population. But then why all of this? Because it's 1% or 2% of the population; it's lives. It's grandmothers and grandfathers and sisters and brothers.

❸ It's about a vulnerable population. I called the executive order that I passed Matilda's Law; my mother.
It's about my mother. It's about my mother.
It's about your mother. It's about your loved one, and we will do anything we can to make sure that they are protected.

（161 words）

語注

self-resolve：自然に治る／ **population**：人口、全住民／ **vulnerable**：（病気などに）かかりやすい／ **compromised immune system**：免疫不全／ **HIV**：Human Immunodeficiency Virus（ヒト免疫不全ウイルス）／ **positive**：陽性／ **emphysema**：肺気腫／ **underlying condition**：基礎疾患／ **asthma**：喘息／ **mortality**：死すべき運命、死亡率／ **call**：命じる／ **executive order**：行政命令／ **Matilda's Law**：マチルダ法（高齢者や免疫力が低下した人をコロナウイルスから守るために発表した行政命令。「マチルダ」は彼の高齢の母の名）

> **訳** 80パーセントは自然に治るでしょう。20パーセントは病院に行く必要があるでしょう。これ（ここで話しているの）はそういったことではありません。これはニューヨーク州民の非常に小さな集団に属する、最も感染しやすい人たちのことなのです。

彼らは高齢だったり、免疫不全だったり、HIV感染者だったり、肺気腫を患っていたり、 基礎心疾患があったりします。またはひどい喘息持ちだったり、がんから回復中だったりします。そのような人たちが、この病気で命を奪われやすいのです。

そして、それは人口の1、2パーセントにすぎません。しかし、だったらなぜ、こんなにあれこれ言うのか。なぜかというと、それが人口の1、2パーセントだからです。それは命だからです。亡くなるのは（私たちの）祖母たちであり、祖父たちであり、兄弟姉妹たちだからです。

それは病気にかかりやすい人たちの人口なのです。私は行政命令を発して「マチルダ法」なるものを規定しました。マチルダは私の母（の名前）です。これは私の母のことなのです。これはあなたの母親のことなのです。これはあなたの愛する人のことであり、私たちはその人たちが確実に守られるようにするために、できることは何でもするでしょう。

ここに注目！

　「**抽象→具体**」というパターンで話を進めていく構成です。データの指摘に始まり、話を次第に具体化していくことで、コロナ感染の影響を受ける可能性が他人ごとではないということを巧みに伝えています。

　❶では、影響を受ける可能性がある人たちを theyと表現し、一見、他人ごとのように表現しています。次に❷では、theyが自分の身近にいる人たちであることを伝えています。最後に❸では、知事自身の母親の名前を出すことで、緊迫感をより具体的に伝えています。また、人称代名詞も myやyourに変化しています。

私たちにはニューヨーク特有のタフさ があります

Andrew Cuomo: （2020 年 3 月 24 日の記者会見より）

We're going to get through it because we are New York, and because we've dealt with a lot of things, and because we are smart, you have to be smart to make it in New York, and we are resourceful, and we are showing how resourceful we are.

And because we are united, and when you are united, there is nothing you can't do.

And because we are New York tough, we are tough, you have to be tough. This place makes you tough, but it makes you tough in a good way.

We're going to make it because I love New York, and I love New York because New York loves you.

New York loves all of you. Black and white and brown and Asian and short and tall and gay and straight. New York loves everyone. That's why I love New York.

（144 words）

語注

get through：乗り切る、耐え抜く／ **deal with**：処理［解決］する／ **smart**：利口な、賢明な、賢い／ **make it**：うまくやり遂げる、成功する／ **resourceful**：臨機応変な、機転のきく、資力のある／ **united**：団結した／ **brown**：（褐色の肌の）ヒスパニック／ **gay**：ゲイ、同性愛の／ **straight**：ストレート、同性愛でない、異性愛の

訳 私たちはこれを乗り切っていくのです。なぜなら私たちはニューヨークだからであり、私たちはこれまで多くのことを克服してきたからです。そして私たちは賢明だからであり、ニューヨークで成功するには賢明であらねばならないのです。それに私たちは臨機応変であり、私たちはいかに臨機応変であるかを証明しているのです。

そして私たちは団結しているからであり、団結していれば、できないことは何もありません。

さらに私たちにはニューヨーク特有のタフさがあり、私たちはタフであり、みなさんはタフでなければならないのです。この街はあなたをタフにしてくれますが、それはいい意味でタフにしてくれるのです。

私たちはこれに成功するつもりですが、それは私がニューヨークを愛しているからであり、私がニューヨークを愛しているのは、ニューヨークがみなさんを愛しているからです。

ニューヨークはみなさん全員を愛しています。黒人も白人もヒスパニックもアジア系も、背の低い人も高い人も、ゲイでもストレートでもです。ニューヨークはすべての人を愛しているのです。だから私はニューヨークを愛しているのです。

ここに注目！

1分半ほどの中に、New Yorkという語が9回も出現します。

Newの部分が「ヌー」のように聞こえます。これはアメリカの学校などで「正しくない」と取り上げられることがある特徴です。

Yorkの部分は、一般的なアメリカ英語ではrの音色を伴った音で発音しますが、従来のNYアクセントではrを発音しない傾向がありました。現代では、比較的年齢が高い層・社会的地位が低い層でこの傾向が残っています。クオモ知事はYork, smart, resourceful, shortを一般的なアメリカ英語のように rの音色を伴った音で発音しています。

Section 6

 ▶011　 ▶012

この国にはびこる人種差別は、慢性的で根深いものです

Andrew Cuomo:（2020年5月31日の記者会見より）

The big issue is people are outraged, and I understand that.
I am outraged. It's not just George Floyd's killing.
Although, that's enough to outrage a nation.

It's George Floyd, it's Ahmaud Arbery,
it's Breonna Taylor all just in the past three months.

It's 30 years of Rodney King, and Amadou Diallo, and
Sean Bell, and Abner Louima, and the same case in states
all across this nation where only the name changes,
but the color stays the same.

You then had the first press conference by prosecutors
looking at the Minneapolis situation that frankly raised more
questions than it answered.

And the real issue is the continuing racism in this country,
and it is chronic, and it is endemic, and it is institutional,
and it speaks to a collective hypocrisy.

（131 words）

語注

big issue：大問題／ be outraged：憤慨する／ George Floyd：ジョージ・フロイド（2020年5月25日、偽ドル札使用の容疑で警官に拘束され、窒息死した）／ Ahmaud Arbery：アーメド・オーブリー（2020年2月、ジョギング中に元警官の白人男性により射殺）／ Breonna Taylor：ブリオナ・テイラー（2020年3月、自宅に踏み込んできた警官により射殺）／ Rodney King：ロドニー・キング（1991年警官から暴行を受けて重傷を負う）／ Amadou Diallo アマドゥ・ディアロ（1999年警官により射殺）／ Sean Bell：ショーン・ベル（2006年警官により射殺）／ Abner Louima：アブナー・ルイマ（1997年警官から暴行される）／ prosecutor：検察官／ frankly：率直に言って／ raise questions：疑問を生じさせる／ racism：人種差別／ chronic：慢性的な／ endemic：（特定の地域に）特有の／ institutional：制度的な／ speak to：〜を証明する／ collective hypocrisy：集団的偽善

訳 大きな問題は人々が憤りを感じていることであり、それは理解できます。私も憤りを覚えています。それは単にジョージ・フロイド氏が殺されたからだけではありません。もっとも、それだけでも国民が憤りを感じるには十分ですが。

それはジョージ・フロイド事件であり、アーメド・オーブリー事件であり、ブリオナ・テイラー事件であり、そのすべてがこのわずか3カ月以内に発生しているのです。

この30年間にロドニー・キング事件、アマドゥ・ディアロ事件、ショーン・ベル事件、アブナー・ルイマ事件、そして同じような事件が全米のいくつかの州で起こっていますが、被害者の名前だけは違っていても、肌の色は同じなのです。

そしてミネアポリスの状況を調査している検察官による最初の記者会見がありましたが、それは率直に言って（この事件について）疑問に答えてくれるよりも、さらなる疑問を生じさせただけでした。

そして本質的な問題は、この国で続いている人種差別なのです。それは慢性的で、この国特有で、制度的なものであり、集団的偽善の1つの証拠なのです。

ここに注目！

Section 6以降では、NYでGeorge Floyd運動にまつわる抗議デモが激化した翌日（5月31日）の会見から抜粋します。Ahmaud Arbery, Breonna TaylorやRodney King, Amadou Diallo, Sean Bell, Abner Louimaはそれぞれの事件を知らなければ聞き取りにくいかもしれませんが、罪がないのに殺傷された人たちの名前です。これまでに被害に遭った人たちの実名を挙げ、知事が黒人差別の問題に真剣に向き合っていることが示されています。

さらに最後の1文でchronic, endemic, institutionalという形容詞を重ね、この問題が**collective hypocrisy**（集団的偽善）であるという知事のスタンスを明示しています。このsection単体では知事がデモを煽っているような誤解を招くかもしれないので、必ず次のsectionとセットで聞いてください。

Section 7

人種差別があるのも事実ですし、暴力では解決しないことも事実です

Andrew Cuomo:（2020年5月31日の記者会見より）

We still discriminate on the basis of color of skin. That is the simple, painful truth. But this is a moment for truth. Now, at the same time, it is equally true that violence never works.

How many protests have we had? How many nights have we gone through like last night? How many times have we burned down our own businesses, our own neighborhoods, and our own communities?

Burning down your own house never works and never makes sense. Burning down your own struggling businesses—people who are trying to bring back the community—never make sense.
It dishonors Mr. Floyd's death.

Mr. Floyd was not violent. Mr. Floyd was compliant. Mr. Floyd wasn't even charged, or accused of a violent crime. There was no violence. That's what makes the killing more outrageous. When you are violent, it creates a scapegoat to shift the blame.

（146 words）

語注

discriminate：差別する／ on the basis of：～に基づいて／ painful：痛ましい／ work：効果がある／ protest：抗議／ go through：（困難や災難を）経験する／ burn down：焼き払う／ business：会社、企業、商店、工場など／ make sense：意味をなす／ struggling：必死にがんばっている／ bring back：取り戻す／ dishonor：名誉を汚す／ violent：暴力的な／ compliant：言いなりになる／ be charged：起訴される／ be accused：告発される／ outrageous：許しがたい／ scapegoat：身代わり／ shift the blame：責任を転化する

訳 私たちはまだ肌の色で差別しているのです。それは単純にして痛ましい事実です。しかし、今こそ事実と向き合うときなのです。そして同時に、暴力では決して何も解決できないということもまた事実なのです。

私たちはこれまで何度、抗議活動をしたことでしょう。昨夜のような夜をいったい何度経験したことでしょう。いったい何度、自分たちが利用する店を、自分たちの住む町を、自分たちの地域社会を焼き払ったことでしょう。

自分たちの家屋を焼き払っても何の効果も、何の意味もありません。経営に苦労している自分たちの店を焼き払いながら、地域社会を取り戻そうとしている人たちはまったく意味をなさないのです。それはフロイド氏の死を辱めるだけです。

フロイド氏は暴力をふるってはいません。フロイド氏はおとなしく言われるとおりにしていたのです。フロイド氏は暴行罪で起訴されたり訴えられたりさえしていなかったのです。暴力行為はなかったのです。それが彼の殺害をさらに許しがたいものにしているのです。人は暴力を振るうと、そのことへの非難の矛先をかわすためにスケープゴート（身代わり）を作り出すのです。

🔊 ここに注目！

1行目の声の高低に注目してください。we↗ still↗ discriminate↗ on the basis of↗ color of↗ のように上昇調が続き、最後のskin↘で急激に音が低くなっています。クオモ知事は憤りを表現するときにこのような高低差のある緩急のついたイントネーションを使う傾向があります。

一方3行目のviolence never works（暴力は何も生まない）という、この会見で最も重要なメッセージでは声の高さが徐々に下降していっています。これは「確実性」を示すイントネーションです。

Section 8

私たちは実際、社会を変えてきたし、変えることができます。

Andrew Cuomo: (2020 年 5 月 31 日の記者会見より)

Maya Angelou said, "Hate has caused a lot of problems in the world, but it has not solved one yet."
The goal has to be effecting change.

How do you use the energy to mobilize people, to actually reform society, and make things better?

And don't tell me that we can't change, because we know we have, and we can. Change comes in a moment when the stars line up.

It's not easy, but when the stars line up, and the people are ready to change, they can change.

We have seen it happen in this state, and in this nation.

We created a new civil right in this nation for the LGBTQ community when we passed marriage equality, and we said, we will no longer discriminate when it comes to marriage, and telling people who they can love and who they can't love.

(144 words)

語注

Maya Angelou:マヤ・アンジェロウ（1928 〜 2014。アメリカの活動家、詩人、歌手、女優。キング牧師とともに公民権運動に参加）／ **effect**:（変化などを）生み出す／ **mobilize**:（人々を）動員する／ **actually**：実際に／ **reform society**：社会を改革する／ **when the stars line up**:その機会（チャンス）が訪れたとき、星の巡り合わせで、神のお導きで／ **civil right**:公民権／ **LGBTQ**:Lesbian（レスビアン）、Gay（ゲイ）、Bisexual（バイセクシュアル）、Transgender（トランスジェンダー ）、Questioning（クエステョニング）または Queer（クイア）の頭文字を組み合わせた表現／ **Marriage Equality（Act）**：結婚平等法（同性愛カップルの結婚を合法とする法律。2011 年にニューヨーク州で成立）

28

訳 マヤ・アンジェロウは「憎しみは世界でさまざまな問題を引き起こしてきたが、1つとして問題を解決したことはない」と言っています。目標とは変化を可能にすることであるべきです。

あなたは人々を動かし、社会を実際に改革し、事態を改善するために、そのエネルギーをどういうふうに使いますか。

そして、私たちは変われないなどと言わないでください。というのは、私たちはこれまで変わったことがあり、変わることができると知っているからです。変化はそのための機会が訪れたときに起こるのです。

それは簡単ではありませんが、その機会が訪れて、私たちが変わるつもりになれば、変わることができるのです。

それがこの州で、この国で実際に起こるのを私たちは見てきたのです。

私たちはこの国で性的少数者（LGBTQ）コミュニティーのために新しい公民権を制定しましたが、そのとき私たちは結婚の平等法を可決し、結婚に関してはもう差別しないと、そして誰を愛してもよい、誰を愛してはいけないと言うことはしないと宣言したのです。

📢 ここに注目！

文の中で強勢が置かれる音節どうしの時間的な間隔は同じぐらいになる傾向があります。

Hate has caused a lot of problems in the world, but it has not solved one yet.の最後の4語はすべて強勢が置かれる語なので、前半部分の強勢の間隔とリズムを合わせようとすると、1語ずつゆっくりはっきり発音することになります。アメリカの詩人マヤ・アンジェロウによるこの一節では、後半部分が文強勢の仕組み上ゆっくり発音されるため、オチとなる「1つとして問題を解決したことはない」が人の心に響きやすいリズムになります。

▶017 ▶018

変化を成し遂げたのは政府ではなく、私たち一般市民なのです

Andrew Cuomo: (2020年5月31日の記者会見より)

❶ People can change, and we have seen that lesson over the past 92 days as we've been dealing with this coronavirus.

Who changed society to deal with this virus? The people did it.

❷ 50 days ago on April 12th we lost 800 people from COVID. Yesterday, we lost 56. 800 to 56.

60 days ago we had 3,400 people come into our hospitals. Yesterday, we had 191.

❸ Who did that? Who made that remarkable change, that radical change? Who made all that progress?

Government leaders? Government did it?

No, let's be honest. Most government leaders denied that COVID was a problem. Most didn't know what to do, and if they knew what to do, they didn't know how to do it.

It wasn't government. It was we, the people.

(129 words)

語注

lesson：役に立つ実例［先例］／ **COVID**：COVID-19。新型コロナウイルス感染症／ remarkable：目覚ましい、驚くべき／ radical：極端な／ deny：否定する

訳 人は変わることができるのです。そして私たちはその実例を、これまでの92日間、このコロナウイルスに対処する中で見てきました。

このウイルスに対処するために誰が社会を変えたのですか。一般の人たちが変えたのです。

50日前の4月12日、（ニューヨーク州では）COVID-19で800人が亡くなりました。昨日は56人亡くなりました。800人から56人に減ったのです。

60日前に（1日に）入院する人は3,400人でした。昨日は191人でした。

誰のおかげでしょうか。誰がこの驚くべき変化を、この劇的な変化を起こしたのでしょうか。誰がこのような改善をすべて可能にしたのでしょうか。

政府指導者たちですか。政府がしたのですか。

違います。率直に言いましょう。政府の指導者のほとんどはCOVID-19が問題であることを否定したのです。大多数が何をすればよいのか知らなかったのです。そして何をすべきか知っていたとしても、それを実行する方法を知らなかったのです。

それ（変化を可能にしたのは）は政府ではありません。それは私たち、一般市民だったのです。

ここに注目！

冒頭で主題を述べ、具体例を示し、異なった表現でもう一度主題を伝える**「ハンバーガー型」**のスピーチ構成で、人は社会を変えられるというメッセージを伝えています。

❶では「誰が変えたのか」と問いかけ、自分自身で答えを示しています。❷では、この答えの証拠となる数値として過去の死者数・感染者数を前日の数値と比較し、❸は❶と同じ内容を言葉を変えて問いかけ、最後に、一番重要なメッセージを再度提示しています。

▶019　 ▶020

情熱と怒りを失わず、賢く、明確な目標を持ってください

Andrew Cuomo: （2020年5月31日の記者会見より）

We don't have two education systems in this nation, one for the rich and one for the poor.

There is no reason and no excuse today for any child to live in poverty. We know that.

Demand that change, and <u>if our government leaders won't do it, or can't do it, or don't know how to do it, then you vote them out</u>. That's how you make change.

Most Americans are good, fair minded, decent, kind, loving individuals. We need to mobilize the best in our people, rather than allowing the worst.

Don't lose the passion. Don't lose the outrage. Be frustrated, but be smart, and be directed, and be constructive and destructive.

Help your community. Don't hurt your community. Be a laser and focus on real, positive change.

That's how this moment becomes a different moment in the history books.

（141 words）

語注

poverty：貧困／ demand：要求する／ vote someone out：投票によって（人を）失職させる／ fair minded：公平な／ decent：慎み深い／ individual：個人／ allow the worst：最悪なことを容認する／ passion：情熱／ be frustrated：不満を持つ／ be directed：方向性を持つ／ constructive：建設的な／ destructive：破壊的な／ laser：レーザー／ focus on：〜に集中する／ positive：前向きの／ moment：瞬間、時期

訳

この国には教育制度が2種類、1つは裕福な家庭向け、もう1つは貧しい家庭向けにとあるわけではありません。

今日、いかなる子どもであっても貧困の中で生きなければならないという理由も言い訳も存在しません。そんなことは当然です。

そのための変化を要求してください。そして、もし政府指導者たちにそうする意思がなければ、そうする能力がなければ、そうする方法を知らなければ、選挙の投票で落選させてください。それがみなさんが変化を起こす方法なのです。

大多数のアメリカ人は善良で、公平で、慎み深く、親切で、愛すべき人たちです。私たちは国民の中にある最悪の部分を容認するのではなく、最善の部分を動員する必要があるのです。

その情熱を失わないでください。その怒りを失わないでください。不満を持ってください。しかし、賢く、明確な目標を持ち、建設的であると同時に破壊的であってください。

あなたの地域社会を支援してください。あなたの地域社会を傷つけないでください。レーザー光（のように一点に集中する光）となり、本物の、前向きの変化を起こすことに集中してください。

そうすれば今のこの時期が歴史書の中で違った時期となるでしょう。

🔊 ここに注目！

if our governmen(t) leaders won'(t) do i(t), or can'(t) do i(t), or don'(t) know how to do i(t), then you vo(te) them ou(t). のカッコ内の/t/は音が聞こえなくなっています。/t/を発音するためにはいったん息の流れを口の中で止めてから破裂させる必要がありますが、破裂させないまま次の音を発音する、**/t/の脱落**という現象です。

pover<u>t</u>y, frustra<u>t</u>ed, communi<u>t</u>y, posi<u>t</u>ive の下線部は /t/ ではなく「リ」や「ディ」のように聞こえます。これは**/t/の有声音化**というアメリカ英語の特徴です。一方、ou<u>t</u>rage, frus<u>t</u>rated, cons<u>t</u>ructive, des<u>t</u>ructive, his<u>t</u>ory の下線部では/t/の直前や直後に子音があるので、有声音化は起こりません。

Unit **1**	*Andrew Cuomo*
スピーチの 背景	**アンドリュー・クオモ** **米国ニューヨーク州知事**

　1人目として取り上げるのは、アンドリュー・クオモ米国ニューヨーク州知事（63）です。クオモ氏は、1983～1994年に同州知事を3期務めた父マリオ・クオモ氏の長男、言うならば政治家のサラブレッドとして生まれ、ロースクールを卒業して弁護士資格を得てからは、NY市で治安維持やホームレスの住宅問題解決に従事。やがて国政に進出し、ビル・クリントン政権では、住宅都市開発次官補（地域社会計画・開発担当）、住宅都市開発長官を歴任し、2011年から現職にあります。長官在任当時から、政策運営に際しての市民との対話戦略に定評があり、後述のように、NY州知事としてコロナ対策に当たる中でまさにその力が発揮されたと言えます。

　米国では、2020年1月20日に国内初のコロナ感染者が確認され、米疾病対策センター (CDC) の迅速な対策準備や警鐘にもかかわらず、トランプ大統領をはじめ政治家は問題を軽視し、水面下で進行する感染拡大が見過ごされる状態が続きました。気付いた時には遅く、3月12日に1,000人だった累積感染者数は、3月27日には10万人、4月28日には100万人を超え、累積コロナ関連死者数は、4月11日までに2万人を超え、イタリアを抜いて世界最多となりました。この3月中旬当時、全米の新規感染者数の5人に2人、コロナ関連死者数の3人に1人がNY州住民となっており、クオモ知事は、まさに感染拡大の爆心地のただ中にいました（日本で言えば、都道府県別感染・死者数が最多の東京都の小池百合子知事の立場を思い浮かべてください）。

　本書では、クオモ知事が連日開催していた記者会見から2つの演説を抜粋しています。1つ目は、2020年3月24日の記者会見です。NY州の感染加速傾向を受けてクオモ知事は、3月7日に州全域に非常事態宣言を、3月22日には外出制限令（New York State on PAUSE）を、発令していました。PAUSEは、**Policies that Assure Uniform**

ミネソタ州ミネアポリスでジョージ・フロイドさんの事件が発生。彼の死を悼み、大勢が献花をした。

Safety for Everyone（全住民の安全を守る政策）というスローガンの略語となっています。

　3月24日の演説の要点は、主に3つです。第1に、わかりやすい統計や推計に基づいて、同州の感染危機の現状と見通しを、州民皆で事実として正確、冷静に理解すること。第2に、NY州政府の対策方針を説明すること。医療機器・人員・施設の圧倒的不足を解決するための提言に理解と（特に連邦・他州政府の）協力を求めつつ、コロナ対策と景気回復を対立的に扱うのでなく、景気回復に資するコロナ対策を実施することによって、両立は可能だと説明しています。そして、第3に、州民を鼓舞すること。暗いニュースで落ち込みがち、或いは、無関心な住民も少なくない中で、個人、医療業界、州として直面しているパンデミックを、自分事として捉え、行動自粛、思いやり、団結精神によって乗り越えていくことを訴えています。

　2つ目の演説は、2020年5月31日の記者会見です。この数日前の5月28日ミネソタ州ミネアポリスで、偽札使用の容疑で現行犯逮捕され

た黒人男性ジョージ・フロイド氏が、白人警官に頸部を膝で圧迫され殺害される事件が起こりました。この状況を目撃者が動画撮影しており、無抵抗なフロイド氏の「息ができない」という最期の声がネットや全国ニュースで流れ、全米各地で「黒人の命は大切」(Black Lives Matter) というスローガンを掲げた抗議行動が起きました。デモ活動は、当初は比較的平穏なものでしたが、やがて一部の参加者が暴徒と化し、略奪、投石、建物の破壊や放火が行われました。これに警官、自警団、商店主らが発砲したり、閃光弾、催涙ガスで対抗するなど、現場は騒然となりました。

フロイド氏のような事件は、米国では珍しくありません。年間約1,000人が警官に殺害されており (2019年)、内訳は白人47%、黒人24%、その他29%ですが、人口構成を考慮すると、黒人男性が警官に殺害される確率は、白人男性の2.5倍と言われています。しかし、これは黒人差別の問題だけではなく、黒人の高い貧困率や犯罪率、銃社会で容認されている逮捕時の警官による発砲、トランプ派と反トランプ派による社会の分断、コロナ禍で募る人々の不安や苛立ちなどが、複雑に絡み合っていると考えられます。

さて、5月31日の記者会見でクオモ知事は、2つの真実をNY州民に直視するよう唱えています。すなわち、米社会には慢性的で、地域特有かつ制度的な人種差別が存在すること。そして、その抗議手段としての暴力は、何の解決ももたらさないことです。その上で、2011年NY州でクオモ知事の指導のもと性的マイノリティ (LGBTQ) の同性婚合法化を実現したこと、また、2020年3月下旬から4月中旬にかけて世界最悪のコロナ感染拡大を収束に導いた経験を引き合いに出し、現状打破には「チェンジ」が必要であり、NY州民にはそれができる。人種差別に対しても「情熱、怒り、苛立ち、賢明さを示し、方向性を失わず、建設的、破壊的であれ、そして、本物の良い変化を起こそう」と訴えています。

クオモ知事の記者会見は「勇気づけられる」「癒される」「リーダーの鏡」と評判になり、クオモ知事の支持率は、2020年2月に44%だったのが、3月末までには71%にまで跳ね上がっていました。

Unit
2

Boris
Johnson

ボリス・ジョンソン

ボリス・ジョンソン
Boris Johnson

イギリスの政治家

イギリスの首相（第77代）、保守党党首（第28代）。歴史家、ジャーナリスト。2008年ロンドン市長に就任（2012年再選）。2016年のEUからの離脱の是非を問う国民投票では離脱支持を表明。2016年、テリーザ・メイ内閣で外務・英連邦大臣に就任（2018年に辞任）。2019年イギリスの首相に就任。コロナ対策では当初、集団免疫の獲得を目的とした対応をしていたが、その後、方針転換した。2020年3月23日、英国全土でロックダウン（都市封鎖）を実施することを発表。2020年3月27日、新型コロナ感染の検査で陽性となったことを明かした。自主隔離した後に容態が悪化し、集中治療室に入ったが、その後に回復し、退院。10月31日にはコロナ感染者の増加により2度目のロックダウンを発表した。

Section 1-4

Section 5-7

Section 8-10

スピーチの特徴 🇬🇧

　ジャーナリスト時代は失言が多いものの親しみやすいお調子者として大衆の人気を集めた「ボリス」でしたが、首相という立場上、予め用意された筋書きどおりに話す必要があるので、笑いを誘うノリのよい話し方は影を潜めています。準備された原稿に沿って、ゆっくりと、フレーズを区切りながら明瞭に話しています。移民が多いイギリスでは英語が得意ではない人にも明確なメッセージを伝える必要があるからです。

　ここでは、3月の外出制限命令に関する会見（Section 1-4）、4月に自身がコロナ感染から回復したことを伝えるビデオメッセージ（Section 5-7）、10月末の2度目の外出制限発表時の会見（Section 8-10）の3つを取り上げます。3月は威厳を持って事の重大さを伝えようとする口調、4月の退院直後の動画は個人的に感謝を述べたもの、10月は焦りといら立ちが垣間見られます。

Section 1

感染を止めるために、家から出ないでください

Boris Johnson: (2020年3月23日のテレビ演説より)

Good evening. The coronavirus is the biggest threat this country has faced for decades.

And this country is not alone. All over the world we're seeing the devastating impact of this invisible killer. And so tonight I want to update you on the latest steps we're taking to fight the disease and what you can do to help.

From this evening I must give the British people a very simple instruction. You must stay at home, because the critical thing we must do [is] to stop the disease spreading between households. That is why people will only be allowed to leave their home for the following very limited purposes:

Shopping for basic necessities, as infrequently as possible; one form of exercise a day, for example a run, walk or cycle alone or with members of your household; any medical need to provide care or to help a vulnerable person; and traveling to and from work, but only where this is absolutely necessary and cannot be done from home.

That's all.

(170 words)

語注

coronavirus：コロナウイルス／ **threat**：脅威／ **face**：直面する／ **decade**：10年間／ **devastating impact**：壊滅的な影響／ **invisible killer**：目に見えない殺人者／ **update on...**：〜について最新情報を提供する／ **latest step**：最新の対策／ **instruction**：指示、指令／ **critical**：重大な／ **household**：世帯／ **be allowed to...**：〜することを許される／ **limited purpose**：限られた目的／ **basic necessities**：生活必需品／ **infrequently**：まれに／ **provide care**：介護する／ **vulnerable person**：体の弱い人、病気にかかりやすい人

訳 こんばんは。このコロナウイルスはこの国が過去何十年かに直面した中で最大の脅威です。

そして、この国だけではありません。世界中で、この目に見えない殺人者が破壊的な影響を与えているのを私たちは目にしています。したがって今晩、私はみなさんに、この病気と闘うために採用する新たな対策と、みなさんが協力するために何ができるかについてお伝えしたいと思います。

今晩から私はイギリス国民のみなさんに、とてもシンプルな指示を出さなければなりません。みなさんは家から出ないでください。私たちがしなければならない極めて大事なことは、この病気が世帯から世帯へと感染するのを食い止めることだからです。そういうわけで、みなさんが外出を許されるのは、次の極めて限られた目的のためだけとなります。

・生活必需品の買い物——できるだけ少ない頻度で
・1日1回の運動——例えば走る、歩く、自転車に乗るなどをひとりで、あるいは家族と
・体の弱い人の介護や支援のために医療が必要とされるとき
・そして仕事のための通勤——それが絶対に必要であって在宅勤務ができない場合のみ。

以上です。

🔊 ここに注目！

2020年3月の外出禁止表明からの抜粋です。ここでは文末の声の高さの変化に注目しましょう。例えば冒頭の Good evening.に特徴的に表れているように、前半は文末をすべて下降調で終えています。話者の自信、威厳、内容の深刻さを伝える効果があります。

一方、Shopping for basic necessities,...以降は上昇調のイントネーションが連続します。これは「限られた目的」の例がまだほかにも続くことを示すためです。

そして最後の2文は再び下降調で、それ以外の目的の外出を認めないというルールが厳格なものであることを示しています。

Section 2

不要不急の外出は控えてください。
従わなければ罰します！

Boris Johnson: （2020年3月23日のテレビ演説より）

These are the only reasons you should leave your home.

You should not be meeting friends. If your friends ask you to meet, you should say no. You should not be meeting family members who do not live in your home.

You should not be going shopping except for essentials like food and medicine, and you should do this as little as you can. And use food delivery services where you can.

If you don't follow the rules, the police will have the powers to enforce them, including through fines and dispersing gatherings.

To ensure compliance with the government's instruction to stay at home, we will immediately close all shops selling non-essential goods including clothing and electronics stores, and other premises including libraries, playgrounds and outdoor gyms and places of worship.

[They] will stop all gatherings of more than two people in public, excluding people you live with, and will stop all social events, including weddings, baptisms and other ceremonies, but excluding funerals.

(163 words)

語注

essentials：必要不可欠な［絶対必要な］物、必需品／ disperse：解散［分散］させる／ gathering：集まり、集会／ ensure：～を確実にする／ compliance：（法令などの）遵守／ premise：敷地、施設／ playground：遊び場、児童公園／ place of worship：礼拝所／ in public：公共の場に［で］ ／ social event：社会的な催し／ baptism：洗礼式

訳 このようなことだけが、あなたが外出してもよい理由です。

友だちと会ってはいけません。友だちがあなたに会いたいと言ったら、断ってください。いっしょに住んでいない家族と会ってはいけません。

食料品や医薬品など必需品以外の買い物に行ってはいけませんし、そのような買い物はできるだけ少なくしてください。そして食料配達サービスが利用できるときは、それを使ってください。

あなたがこのような規則に従わなければ、警察にはそれを強制する権限があり、罰金を課したり集まりを解散させたりするでしょう。

外出しないようにという政府の指示に確実に従ってもらうために、衣料品店や電化製品店を含め、生活必需品以外のものを販売している店、そしてそれ以外の場所——図書館、遊技場、屋外運動場、礼拝所などはすべてただちに閉鎖します。

あなたがいっしょに住んでいる人を除き、3人以上で公共の場に集まることはすべて禁止し、社交行事も結婚式や洗礼式などを含めてすべて禁止しますが、葬儀は例外とします。

ここに注目！

助動詞 should と will の意味に注目しましょう。

冒頭で should / should not という表現が6回続きますが、最初のshouldのみ、ほかとはニュアンスが異なり「外出してもよい理由」となります。残りの5つは「しないといけない/してはいけない」という強制や禁止を表します。

後半、will が4回使われています。特に最初のthe police will have the powersという表現ではwillに強勢が置かれています。政府が力を行使することなので「本当に実行しますよ」という意志の強さが感じられます。

現在のところ、容易な選択肢はまったくありません

Boris Johnson:（2020年3月23日のテレビ演説より）

No prime minister wants to enact measures like this.
I know the damage that this disruption is doing and will do to people's lives, to their businesses and to their jobs.

And that's why we've produced a huge and unprecedented program / of support / both for workers / and for business. /

And I can assure you that we will keep these restrictions under constant review. We will look again in three weeks and relax them, / if the evidence / shows / we are able to. /

But at present there are just no easy options. The way ahead is hard, and it is still true / that many / lives / will, / sadly, / be lost. /

With the time you buy by simply staying at home,
we are increasing our stocks of equipment,
we are accelerating our search for treatments,
we're pioneering work on a vaccine,
and we are buying millions of testing kits that will enable us to turn / the tide / on this / invisible killer. /

（157 words）

語注

enact：（政府が法律などを）制定する／ measures：対策、措置／ damage：被害／ disruption：混乱／ business：企業／ unprecedented：前例のない／ assure：保証する／ restriction：規制／ constant：絶え間ない／ review：見直し／ relax：（規則、規制などを）緩和する／ option：選択（肢）／ buy time：時間を稼ぐ／ accelerate：加速する／ treatment：治療方法／ pioneer：〜を率先してやる／ vaccine：ワクチン／ testing kit：検査キット／ turn the tide：形勢を一変させる

訳 ▶ このような法的措置をとりたいと思う首相は誰もいません。私は、この混乱がみなさんの生活に、企業に、仕事に現在与えている、そして今後与えるであろう被害については承知しています。

だからこそ私たちは大規模で前例のない支援策を労働者と企業双方のために打ち出したのです。

そしてみなさんに約束しますが、この規制措置は常に見直しを図っていくつもりです。3週間以内に再度見直しを図り、もしエビデンス（科学的証拠）から可能だとわかれば、規制を緩和します。

しかし、現在のところ、容易な選択肢はまったくありません。今後の状況は厳しく、残念ながら、多くの人の命が失われることは今もなお確実なのです。

みなさんがただ家から出ないで稼いでくれる時間を使って、私たちは必要な器具の在庫を増やし、治療方法の研究をスピードアップし、ワクチンの開発を率先して行い、何百万もの検査キットを購入するでしょう。そうすることによって私たちは、この目に見えない殺人者に対して形勢を逆転させることができるようになるでしょう。

🔊 ここに注目！

　ジョンソン首相は、原稿付きスピーチで文末を短く区切って話す傾向があります。この「区切りがもたらす効果」に注目しましょう。

　例えば / of support / both for workers / and for business./ のように、**3拍のリズム**で終わる傾向があります。文末がゆっくりになるので首相自身は次に話す文の準備ができますし、聞き手側にも自信のある話し方のように聞こえます。

　また、/ that many / lives / will, / sadly, / be lost. /は1語1語を区切って発音しています。国家の首相が、自国民の命を守ることができないと発言しているわけですから、ことばの重みが感じられます。

45

Section 4

 ▶027 ▶028

国民全体が一丸となって
ウイルスに打ち勝ちましょう！

Boris Johnson:（2020 年 3 月 23 日のテレビ演説より）

I wanna thank everyone who is working flat-out to beat the virus—everyone from the supermarket staff to the transport workers to the carers to the nurses and doctors on the front line.

But in this fight we can be in no doubt that each and every one of us is directly enlisted. Each and every one of us is now obliged to join together to halt the spread of this disease, to protect our NHS, and to save many, many thousands of lives.

And I know that as ❶they have in the past so many times, ❷the people of this country will rise to that challenge and ❸we will come through it stronger than ever. ❸We will beat the coronavirus and ❸we will beat it together.

And therefore ❹I urge ❹you at this moment of national emergency to stay at home, protect our NHS, and save lives. Thank you.

(150 words)

語注

flat-out：一生懸命に／ beat：やっつける、打ち負かす、打ち勝つ／ transport worker：交通機関で働く人たち／ carer：介護者、ケアワーカー／ on the front line：最前線で／ in no doubt：確信して／ each and every one of us：私たち 1 人ひとりがみな／ enlist：（主義や運動に）積極的に参加［支持・協力］する／ be obliged to：～する義務がある／ halt：止める／ rise to：（困難な事態）に立ち上がる、立ち向かう／ come through：うまく乗り切る／ urge：強く求める／ national emergency：国家緊急事態、国家的危機／ NHS：National Health Service。国民保健サービス（イギリスの国営医療サービス事業）

訳 ▶ このウイルスを打ち負かすために懸命に仕事をしているすべての人たち――スーパーマーケットの従業員から交通機関で働いている人たち、ケアワーカー、看護師、医師まで――最前線にいる人たちにお礼を申しあげたいです。

しかし、この闘いにおいては私たちの1人ひとりがみな間違いなく、直接に協力できるのです。今、私たちの1人ひとりがみな協力してこの病気の感染を食い止め、私たちの国民保健サービス（NHS）を（破綻から）守り、何千人もの人の命を救う義務があります。

そして、過去において何度もそうであったように、この国の国民はこの難局に向かって立ち上がり、私たちはこれまで以上の力強さでこれを乗り越えるでしょう。私たちはコロナウイルスに打ち勝ちますが、一丸となってそれを打ち負かすことでしょう。

そして、それゆえに、私はみなさんに、このような国家的危機の際には家にいて、私たちのNHS（国民保健サービス）を守り、命を守るように切に求めます。ありがとう。

🔊 ここに注目！

聞き手から遠いところから近いところへ向かって話を進めるという「**周辺→中心**」というパターンの構成です。

この段落は❶「過去の英国民」から❷「現在の英国民」というふうに、まずは時間的な視点を聞き手に近づけ、❸ではそれが「私たち」であることを示しています。そして「私たち」が力を合わせるために、❹「私」が「あなた」の行動を「この時点で」促すというふうに、直接的な視点に移し、会見を終えています。

Section 5

 ▶029  ▶030

命を救ってくれた恩義を表す言葉は
なかなか見つかりません

Boris Johnson: (2020年4月12日のビデオメッセージより)

Good afternoon. I have today left hospital after a week in which the NHS has saved my life. No question.

It's hard to find words to express my debt, but before I come to that, I want to thank everyone in the entire UK for the effort and the sacrifice you have made, and are making.

When the sun is out and the kids are at home, when the whole natural world seems at its loveliest and the outdoors is so inviting, I can only imagine how tough it has been to follow the rules on social distancing.

I thank you because so many millions and millions of people across this country have been doing the right thing.

Millions going through the hardship of self-isolation faithfully, patiently, and with thought and care [for] others as well as for themselves.

(137 words)

語注

leave hospital：退院する／ **No question.**：疑いの余地がない／ **debt**：恩義／ **sacrifice**：犠牲（的行為）／ **can only imagine**：想像することしかできない／ **tough**：厳しい、難しい／ **follow the rules**：規則を守る／ **social distancing**：ソーシャル・ディスタンス［対人距離］をとること／ **right thing**：正しいこと、適切なこと／ **go through**：（困難・試練などを）経験する／ **hardship**：苦労／ **self-isolation**：自己隔離／ **faithfully**：忠実に／ **thought**：思いやり／ **care**：心遣い

訳 こんにちは。私は今日、退院しました。これまでの1週間の間にNHS（国民保健サービス）が私の命を救ってくれたのです。そのことに疑いの余地はありません。

私が感じている恩義を言い表す言葉はなかなか見つかりませんが、それよりもまず、イギリスの全国民に、これまでみなさんがなさってきた、そして今もなさっている努力と献身に感謝したいと思います。

太陽が輝き、子どもたちが家にいて、周囲の自然がこの上なく美しく見えて、屋外に出たくてたまらないとき、ソーシャル・ディスタンス（対人距離）をとるという規則を守るのがどんなにつらかったか、私には想像することしかできません。

私はみなさんに感謝します。なぜかというと、この国中の何千万人もの人たちが正しいこと（するべきこと）をしてきてくださっているからです。

何千万もの人たちが自主隔離という難題を忠実に、忍耐強く、そして自分のためだけでなく、ほかの人たちのためにも思いやりと心遣いを忘れずに守ってくださっているからです。

ここに注目！

　Section 1-4で抜粋した会見の数日後には自身のコロナ感染を公表し入院、さらには集中治療室に移ったことが報道されましたが、無事回復したことを伝えるビデオメッセージからの抜粋です（Section 5-7）。

　ここでは、When the sun_is_ou(t)an(d) the kids_are a[t]homeを例に、隣り合う音と音との関係によって起こる音声変化を解説しましょう。まず「_」の印の前後では音が連結してkids_areはキッザのように聞こえます。(t)や(d)は脱落して、聞こえなくなっています。a[t]の部分で一瞬息が詰まったように聞こえるのは、息を喉の奥の方で止める声門音[ʔ]に音が変化したからです。

勇気ある献身的な医師たち、看護師たちに感謝します

Boris Johnson:（2020年4月12日のビデオメッセージより）

It is thanks to that courage, that devotion, that duty and that love that our NHS has been unbeatable.

I wanna pay my own thanks to the utterly brilliant doctors, leaders in their fields, men and women, but several of them for some reason called Nick, who took some crucial decisions a few days ago, [for] which I will be grateful for the rest of my life.

I wanna thank the many nurses, men and women whose care has been so astonishing. I'm going to forget some names, so please forgive me, but I want to thank Po Ling and Shannon and Emily and Angel and Connie and Becky and Rachel and Nikki and Anne.

And I hope they won't mind if I mention in particular two nurses who stood by my bedside for 48 hours when things could have gone either way.

They're Jenny from New Zealand—Invercargill on the South Island to be exact, and Luis from Portugal near Porto.

（162 words）

語注

devotion：献身／ unbeatable：打ち勝つことのできない、最上の／ **wanna**：want to ／ utterly：完全に／ brilliant：すばらしい／ crucial decision：重要な判断／ **be grateful for**：〜に感謝する／ astonishing：驚くべき、すばらしい／ **go either way**：どちらに転んでもおかしくない／ **New Zealand Invercargill**：ニュージーランドのインバーカーギル／ **South Island**：（ニュージーランドの）南島／ **Portugal near Porto**：ポルトガルのポルト近郊

訳 その勇気、その献身、その義務感、そしてその愛のおかげでこの国の
NHS（国民保健サービス）がどこよりも優れたものになっているのです。

私は非常に優秀な医師たちに——それぞれの専門分野のリーダーたちに、
男性にも女性にも——個人的に感謝したいと思います。そのうちの何人か
はなぜかニックという名前で、彼らが数日前にきわめて重要な判断をして
くれたことに私は一生、感謝するでしょう。

多くの看護師たち、男性にも女性にも感謝します。彼らの看護は非常にすばら
しいものでした。何人かの名前を言いそびれたら申し訳ありませんが、ポ・リ
ン、シャノン、エミリー、エンジェル、コニー、ベッキー、レイチェル、ニッ
キー、そしてアンたちに感謝します。

そして、私の容態がどちらに転ぶかわからなかったとき、枕元に48時間付き
添ってくれた2人の看護師は——私が特に名前をあげても本人たちが気にしな
いといいのですが。

それはニュージーランド出身の、正確に言うと南島のインバーカーギル出身の
ジェニー、そしてポルトガルのポルト近郊出身のルイスです。

ここに注目！

首相がお世話になった医療従事者に対して個人的に感謝を伝える部分の抜
粋です。

命の恩人の医師たちに敬意を表し、4月末に誕生した息子のミドルネームを
Nickとしたことが後日公表されました。

ニュージーランドやポルトガル出身の看護師がいることは国際色豊かなイ
ギリスの医療現場で珍しいことではありませんが、特にこの2人の出身地にふ
れているのは、コロナ危機を乗り越えるには国境など関係ないということを
ほのめかしているように感じられます。

ソーシャル・ディスタンスを守り、外出を控え、楽しいイースターを！

Boris Johnson: (2020年4月12日のビデオメッセージより)

And the reason in the end my body ❶ did start to get enough oxygen was because ❷ for every second of the night ❸ they were watching, and ❸ they were thinking and ❸ they were caring and making the interventions I needed.

So that is how I also know that across this country, 24 hours a day, ❷ for every second of every hour, there are ❷ hundreds of thousands of NHS staff who are acting with the same care and thought and precision as Jenny and Luis.

That is why we will defeat this coronavirus and defeat it together. We will win because our NHS is the beating heart of this country.

❸ It is the best of this country. ❸ It is unconquerable. ❸ It is powered by love.

So thank you from me, from all of us to the NHS. Let's remember to follow the rules on social distancing. Stay at home, protect our NHS and save lives.

Thank you and happy Easter.

(158 words)

語注

intervention：治療介入（病気の治療を目的に薬を投与したり必要な処置をしたりすること）／ care：心遣い／ thought：思いやり／ precision：正確さ／ defeat：打ち勝つ／ beating heart：脈打つ心臓、原動力／ unconquerable：不屈の

訳 そして私の体がとうとう酸素を十分に取り込めるようになったのは、この2人が夜の間、絶え間なく監視し、判断し、看護し、必要な処置をしてくれたおかげなのです。

ですから、この国のいたるところで毎日24時間、毎分毎秒、何十万人ものNHS（国民保健サービス）スタッフがジェニーやルイスと同じような心遣いと思いやりと正確さで仕事をしているのが私にもわかるのです。

だからこそ、私たちはこのコロナウイルスに打ち勝つでしょうし、みんなで一丸となって打ち勝つのです。私たちが打ち勝つのは、NHSがこの国の原動力（脈打つ心臓）だからです。

NHSはこの国の最もすばらしいものです。NHSは不屈です。NHSは愛が原動力となっているのです。

というわけで、私から、私たち全員からNHSにありがとうと申し上げます。ソーシャル・ディスタンス（対人距離）のルールを守ることを忘れないようにしましょう。外出を控え、私たちのNHSを守り、みなさんの命を守ってください。

ありがとうございます。どうぞ楽しいイースターをお過ごしください。

ここに注目！

このスピーチは首相自身の回復を伝えるのが目的なので、「盛った」表現が多用されています。文中で特定の箇所を強調する表現に注目しましょう。

❶のdidはstart to get enough oxygenという動詞句を強調しています。このdidには必ず強勢が置かれます。❷は always, many のような1語でも意味は伝わるのですが、あえて長いフレーズにすることによって程度を強調しています。❸は**文型のくり返しによる強調**です。心地よいリズムを作るように3回くり返すのが王道のパターンです。

Section **8**

 ▶035　 ▶036

医療崩壊となれば、医療と倫理の面で厳しい選択を迫られます

Boris Johnson: （2020 年 10 月 31 日の会見より）

Even in the South West, where incidence was so low, and still is so low, it's now clear, though, that ❶ the current projections mean that hospitals in the South West will run out of capacity in just a matter of weeks unless we act.

And let me explain why the overrunning of the NHS would be a medical and ❷ a moral disaster beyond the raw loss of life.

Because the huge exponential growth in the number of patients ❸—by no means all of them elderly, by the way— would mean that doctors and nurses would be forced to choose which patients to treat, ❷ who would get oxygen and who wouldn't, who would live and who would die.

And doctors and nurses would be forced to choose between saving COVID patients and non-COVID patients.

（131 words）

語注

South West：サウスウェスト、南西イングランド（地域）／ **incidence**：（病気などの）発生件数、ここでは「感染者数」／ **current projection**：現在の予測／ **run out of**：〜を超える／ **capacity**：［収容］能力／ **just a matter of**：単に〜の問題／ **overrun**：（予定された費用・時間・人数）を超える／ **medical and moral disaster**：医療および倫理上の惨事／ **raw**：ありのままの／ **loss of life**：生命が失われること／ **exponential**：急速な／ **growth**：増加／ **by no means**：決して〜ない／ **be forced to**：〜することを迫られる／ **treat**：治療する／ **get oxygen**：酸素吸入を受ける

訳 ▶ 感染率が非常に少なかった、そして今も非常に少ない南西イングランドでさえ、現在の予測では、この地域の病院は、私たちが対策を講じないと、わずか数週間で収容能力を超えてしまうでしょう。

そしてNHS（国民保健サービス）への過剰な負担が、なぜ生命が失われること以上に、医療と倫理の面でやっかいな事態となるのか説明させてください。

それは、患者が急増すると——なお、患者のすべてが高齢者とは限りません——医師や看護師はどの患者の治療にあたるべきか、誰が酸素吸入を受けて誰が受けないか、誰が生きて誰が死ぬことになるかの選択を迫られるからです。

さらに医師や看護師は、COVID-19の患者とそれ以外の患者のどちらを救うべきかの選択を迫られることになるでしょう。

📢 ここに注目！

　2020年、2度目の外出制限措置に踏み切ることを表明した会見からの抜粋です（Section 8-10）。クオモ知事のsection 4（p.20）のときと内容は似ていますが論理構成が異なります。NY州知事と英首相という立場や、3月末と10月末という状況の違いも含めて考えてみましょう。

　❶の「現在の予測」に関して、感染に関するデータはボリス首相本人ではなく政府の医療責任者や科学顧問が解説しました。❷の「医療と倫理のやっかいな問題」に言及するボリス首相は、「人命だから救う必要がある」と訴えたクオモ知事とはまた見解が異なります。また❸の「患者のすべてが高齢者とは限りません」というボリス首相の発言も、「自分の身近な人を守るため」と述べたクオモ知事との説得方法の違いが表れています。

特定の理由があるとき以外は、外出を控えてください

Boris Johnson: (2020年10月31日の会見より)

From Thursday until the start of December, you must stay at home. You may only leave home for specific reasons, including:

For education; For work, let's say if you cannot work from home; For exercise and recreation outdoors, with your household or on your own with one person from another household; For medical reasons, appointments and to escape injury or harm;

To shop for food and essentials; And to provide care for vulnerable people, or as a volunteer.

I'm afraid non-essential shops, leisure and entertainment venues will all be closed—though click and collect services can continue and essential shops will remain open, so there is no need to stock up.

Pubs, bars, restaurants must close except for takeaway and delivery services. Workplaces should stay open where people can't work from home—for example in the construction and [or] manufacturing sectors.

(138 words)

語注

specific：特定の／ **household**：世帯／ **medical**：医療上の／ **appointment**：予約／ **escape injury or harm**：けがや危害を避ける／ **essentials**：（生活）必需品／ **provide care**：世話をする／ **vulnerable people**：（身体的・社会的に）弱い人々／ **non-essential**：必要不可欠でない／ **leisure and entertainment venues**：レジャーや娯楽用の施設／ **click and collect services**：クリック＆コレクトサービス（オンライン注文した商品を店舗などで受け取るサービス）／ **stock up**：買いだめをする／ **takeaway**：持ち帰り／ **workplace**：職場、作業環境／ **construction and manufacturing sectors**：建設と製造部門

訳 木曜日（11月5日）から12月の初めまで、外出は控えてください。外出してもよいのは特定の理由があるときだけです。具体的には：

教育を受けるため。仕事のため——ただし自宅勤務ができない場合。屋外での運動やレクリエーションのため——同じ世帯の人と、あるいは別の世帯の1人と。医療上の理由のため——診察の予約をしていたり、けがや害などを避けたりするため。

食料や生活必需品を買いに行くため。そして身体的・社会的に弱い人たちの世話をするため、またはボランティアとしてそうするため。

残念ながら、生活必需品以外のものを販売する店や、レジャーや娯楽のための施設はすべて閉鎖することになります。しかし、クリック＆コレクト型のサービスは続けることができ、生活必需品の販売店は引き続き営業しますから、買いだめをする必要はありません。

パブ、バー、レストランは、テイクアウトと宅配以外は営業できません。在宅勤務ができない職場、例えば建設や製造などの部門は業務ができるものとします。

ここに注目！

ここでは品詞や地域によって強勢位置や発音が異なる単語を4つ取り上げます。まずはoutdoor。副詞や名詞のout·dóorsは2音節目に強勢を置きますが、名詞の直前の形容詞óut·doorでは1音節目に強勢の位置が移動します。

lei·sure は米音で/líːʒər/、英音で/léʒə/のように地域差があります。

res·tau·rantの3音節目のrant発音は/-r(ə)nt, -rɑːnt,-rɔnt /のように話者や地域によってバリエーションがあります。

táke·awayは名詞の場合は1音節目に強勢を置きますが、to take away somethingのような句動詞の場合、awayが強くなります。また、アメリカ英語では takeoutの方がよく使われます。

子どもたちの未来をウイルスによって損なわせてはいけません！

Boris Johnson: (2020年10月31日の会見より)

Christmas is going to be different this year, perhaps very different, but it's my sincere hope and belief that by taking tough action now, we can allow families across the country to be together.

My priority, our priority, remains keeping people in education—so childcare, early years settings, schools, colleges and universities will all remain open.

Our senior clinicians still advise that school is the best place for children to be.

We cannot let this virus damage our children's futures even more than it has already.

And I urge parents to continue taking their children to school and I am extremely grateful to teachers across the country for their dedication in enabling schools to remain open.

(115 words)

語注

tough action：厳しい措置／ allow someone to：（人が）〜できるようにする／ priority：
優先課題／ childcare：保育園／ early years setting：幼稚園／ senior clinician：上級
臨床医／ damage：損なう、損害を与える／ urge someone to：（人に）〜するように
強く勧める／ be grateful to：〜に感謝する／ dedication：献身／ enable someone
[something] to：…が〜できるようにする

訳 今年のクリスマスは例年とは違うものに、おそらく非常に異なるものになるでしょう。しかし、今、厳しい措置をとることによって、国中の家族が集えるようになることを心から願い、そうできると信じています。

私の、私たちの優先課題は、みなさんがこのまま教育を受けられるようにすることです。したがって、保育園、幼稚園、学校、大学はすべて開けたままにしておきます。

熟練した臨床医たちは今でも、学校は子どもたちにとって最適な場所だとアドバイスしています。

このウイルスによって子どもたちの将来をもうこれ以上、損なわせてはいけません。

保護者のみなさんには、お子さんを今までどおり学校に送り届けてくださるようお願いします。また、学校を開いておくために献身的に努力してくださっている全国の教師のみなさんに心から感謝します。

📢 ここに注目！

3月当初の会見（Section 1-4）と比べると、原稿を自分のものとしてジェスチャーを交えて話す度合いが強くなっています。ところどころ雑音が入っているのは演台を叩きながら話しているからです。

my sincere hope and belief のように4回演台を叩いています。and にまで強勢を置いていることから、焦りという立ちが感じられます。

childcare, early years settings, schools, colleges and universitiesは5種類の教育施設を指しますが、early years / settings を区切っているので返ってわかりにくくなっています。たまに原稿を見失ったか？ とドキドキさせるところもジョンソン首相スピーチの聞きどころです。

ボリス・ジョンソン
英国首相

　2人目に取り上げたのは、ボリス・ジョンソン英国首相(56)です。ジョンソン氏は、18世紀中頃の英国王ジョージ2世を祖先に持つ上流階級の家庭に、元欧州議会議員で作家の父スタンレー・ジョンソン氏の長男として生まれ、若い頃は保守系メディアを転々としながら欧州懐疑派ジャーナリストとしてキャリアを積みました。1990年代末に出演したBBCの時事ニュース風刺番組『Have I Got News for You』で、上流階級出身なのに気取らず、ウィットやユーモアに富んだコメントで一躍人気者に。やがて政界に進出し、下院議員、ロンドン市長、保守党メイ政権で外務・英連邦大臣を務め、2019年7月から現職にあります。

　ジョンソン氏の人物評には、賛否両論あります。TV番組を通じて親しまれた人柄もあり、「ボリス」というファーストネームで呼ばれる英国一の人気政治家で、2016年に実施された英国のEU離脱(ブレグジット)の是非を問う国民投票では、離脱派の旗振り役を務めました。その人気や実績が、彼を首相にまで押し上げたと言えます。一方で、失言、暴言、虚偽・誇張発言などは枚挙にいとまがなく(女性スキャンダルも何度か)、「お騒がせ男」「嘘つき」「道化」「英国のトランプ」と呼ばれることもあります。

　英国では、2020年1月末から国内でコロナ感染者が確認されていましたが、欧州大陸諸国に比べて感染拡大第一波の到来が約一カ月遅く、また、当初人口6割程度が感染し免疫保持者になって感染収束させる(**集団免疫**)という対応策を採っていたため、感染予防や外出自粛が徹底しないまま、瞬く間に感染が広がる事態となりました。新規感染者数、コロナ関連死者数ともに3月末から急増し、4月中旬のピーク時にはそれぞれ一日5,000人、1,000人に達していました。この第一波は、5月末頃までには収束しましたが、10月に入って第二波に見舞われ、10月末現在新規感染者一日2.3万人、関連死者数一日270人となっています。

退院後、仕事に復帰したボリス・ジョンソン首相 (2020年4月27日)。

　これを受けてジョンソン首相は、批判も多かった集団免疫策を事実上撤回し、3月23日から5月31日までロックダウンを実施。この間、3月27日に首相自身がコロナに感染したことを発表、4月4日に入院、一時は集中治療室に収容されましたが、4月12日に退院しました。第二波の対応に関しては、ジョンソン首相が10月31日に会見し、11月5日から4週間、春以来2回目のロックダウンに入ると発表しています。

　本書では、ジョンソン首相の記者会見から3つの演説を抜粋しています。1つ目は、2020年3月23日のロックダウン実施を発表した会見です。コロナ入院患者の急増によって公的医療制度 (NHS) の収容能力が逼迫しており、このままでは救える命を救えないという事態も予想されていました。これを回避するために、ロックダウンによって感染拡大を減速させ、その間に医療・検査機関の収容能力を拡大すると説明しています。またこれを機会に、「**Stay at Home, Protect the NHS, Save Lives**」（外出を自粛し、医療制度を護り、命を守ろう）というスローガンが導入されています。

　2つ目の演説は、2020年4月12日の記者会見です。このタイミングには、3つの重要性がありました。第一に、コロナで入院していたジョンソン首相が退院した日であったこと。第二に、この頃感染の第一波がピークに達していたこと。第三に、キリスト教徒にとってクリスマスの次に重要とされるイースター休暇中に、ロックダウンで自粛中であったことです。これらは、ジョンソン首相への批判や不満に容易につながる可能性がありました。

　そこで、ジョンソン首相は、自らの闘病体験とそこで目撃した医療スタッフの献身的看護に個人的謝辞・賛辞を送り、すべてのエッセンシャル・ワーカーを皆で支え、団結してコロナを乗り越えようというポジティブなメッセージを伝えることで国民を鼓舞しています。実は、このタイミングでジョンソン首相の支持率は急上昇しており、世論を巧みに味方につけています。

　3つ目の演説は、2020年10月31日の記者会見です。感染第二波が到来し、春以来二度目のロックダウンを実施することが発表されました。コロナ対策疲れで国民から反発も予想される中、ジョンソン首相は演説の中で3点を強調しています。第一に、第二波は第一波よりずっと大きく、再度団結して対策に臨まなければ、一日数千人の死者が出る可能性があること。第二に、NHSを護ることは医療上だけでなく、モラル上の問題でもあること。すなわち、医療崩壊によって医療スタッフが、治療すべき患者や救うべき命の優先順位を決めなければならないような状況は回避する必要があること。第三に、政府はコロナ対策の経験を積み重ね、その施策はより洗練されてきていること。すなわち、地域ごとによりきめ細やかな対策が行われる一方、若年層は重篤化リスクが低いことも分かり、二度目のロックダウンでは学校閉鎖は行わないことです。学校教職員も、エッセンシャル・ワーカーの仲間入りをしたことになります。

Unit
3

Justin Trudeau

ジャスティン・トルドー

ジャスティン・トルドー
Justin Trudeau

カナダの政治家

1971 年生まれ、オタワ出身。1994 年にマギル大学を卒業し、教師となる。ブリティッシュ・コロンビア大学の教育課程を修了後、バンクーバーで数年間フランス語と数学を教える。2008 年、モントリオールのパピノー選挙区から立候補して初当選。2011 年、2015 年に再選を果たす。2013 年からカナダ自由党党首を務め、2015 年、第 23 代カナダ首相に就任。カナダ史上初めて閣僚を男女同数とした。第 20・22 代首相ピエール・トルドーの長男。趣味はボクシング。

スピーチの特徴

　在任中とても高い支持率を誇った首相を父に持つ、イケメン二世のカナダ首相です。オシャレなスーツの下からのぞく奇抜な靴下の柄や、コロナ渦のため自身も散髪をガマンしていることを示すバロメータとなる髪や髭の伸び方が話題となりました。言語化される内容よりも、むしろ非言語コミュニケーションに優れた首相ですので、音声を聞いたあと、動画も観てみることをおすすめします。

　ここでは、英仏二か国語で話す必要がある多文化主義のカナダらしい一面が垣間見られる会見（2020年3月13日）、イースターでお祭り騒ぎになりがちな国民に対して100年前の戦闘を引き合いに出して訴えかけたスピーチ（2020年4月12日）、「20秒以上の沈黙」が大きな話題となった記者会見（2020年6月2日）の3種類の英文から抜粋します。演劇の経験もある首相の、クリアな発音や子供向けの話し方にも注目です。

Section 1-4

Section 5-8

Section 9-10

Section 1

妻が新型コロナで陽性だったため、14日間の自己隔離を続けます

Justin Trudeau:（2020 年 3 月 13 日の記者会見より）

❶ Yesterday, I shared with you that my wife Sophie was being tested for COVID-19, and that test did come back positive. Sophie's symptoms remain mild, but we are following medical advice and taking every precaution.

❷ She will remain in isolation for the time being. We are thinking about all the families across the country who have received the same diagnosis. But we're in good hands. We have full confidence in Canada's health officials and professionals.

❸ This means that, upon my doctor's recommendation, I will remain in self-isolation for 14 days. I wanna be clear, I have no symptoms and I'm feeling good. And technology allows me to work from home. Of course, it's an inconvenience, and somewhat frustrating.

❹ We are all social beings after all. But we have to do this because we have to protect our neighbors and our friends, especially our more vulnerable seniors and people with pre-existing conditions.

(151 words)

語注

COVID-19：新型コロナウイルス感染症／ **positive**：陽性の／ **symptom**：症状／ **precaution**：警戒、予防／ **in isolation**：隔離されて／ **for the time being**：しばらくの間／ **diagnosis**：診断（結果）／ **in good hands**：信頼して任せて／ **health official**：公衆衛生当局者／ **self-isolation**：自己隔離／ **inconvenience**：不便なこと／ **frustrating**：いらいらさせられる／ **vulnerable**：被害に遭いやすい、抵抗力の弱い／ **pre-existing conditions**：持病、既往症

訳 ▶ 昨日、私は妻ソフィーがCOVID-19の検査を受け、検査の結果、陽性であることが判明したとお知らせしました。ソフィーの症状は軽いままですが、私たちは医療上のアドバイスに従って細心の注意を払っています。

彼女はしばらくの間、隔離されることになっています。私たちは、同様の診断を下された全国のすべてのご家族に思いを馳せております。しかし、私たちは何も心配する必要はありません。私たちはカナダの公衆衛生当局者と専門家に全幅の信頼を置いています。

つきましては、私は主治医の勧告に従い、14日間の自己隔離を続けるつもりです。はっきりと申し上げておきたいのですが、私には何も症状が出ておらず、気分は良好です。そして、テクノロジーのおかげで、自宅で執務することが可能です。もちろん、それは不便なことで、いくらかもどかしくもあります。

結局のところ、私たちはみな社会的な存在なのです。しかし、これは必要なことです。なぜなら、私たちは自分の隣人や友人たち、とりわけ抵抗力の弱い高齢者や持病のある人たちを守らなければならないからです。

🔈 ここに注目！

　昨日→現在→今後の見通しというふうに時系列に沿って話す「**タイムライン型**」と、国民の立場から見て間接的→直接的な事項という「**周辺から中心型**」のスピーチ構成の合わせ技です。

　❶ではこの会見の前日の話から時制が現在へと移っています。❷では奥さんの今後の見通しに続いて、国内で同様の診断を受けた人への現在の対応、❸では首相自身の今後の予定と現在の様子、❹の冒頭で時制を現在に戻して話題を一般化した上で、国民がするべきことを伝えています。

▶043　 ▶044

不要不急の海外渡航を
控えるように要請します！

Justin Trudeau:（2020 年 3 月 13 日の記者会見より）

Canada has advised Canadians to curtail non-essential international travel, and that the cruise season is suspended until July and that we are bringing in additional screening measures at airports.

We are also streamlining overseas arrivals to be better positioned for screening.

Yesterday, we saw many provinces take strong steps to keep people safe. They are doing what needs to be done to protect the public and I want to thank them for their exemplary work.

Later today, I will have a call with the Premiers and Indigenous leaders to discuss the latest developments and coordinate our efforts, including the over billion-dollar COVID-19 Response Fund, which provides money to the provinces and territories to support preparation and mitigation.

These are significant steps, and we will do more.

（126 words）

語注

curtail：削減する／ non-essential：不要不急の／ cruise：（客船による）航海／ suspend：〜を中止する／ screening measures：検疫措置 streamline：合理化する／ arrival：到着（便）／ position：配置する／ province：（カナダの）州／ exemplary：称賛すべき／ have a call with：〜と電話会議をする／ Premiers：（カナダの）州知事／ Indigenous：先住民の／ coordinate：連携させる／ COVID-19 Response Fund：新型コロナウイルス対策基金／ territory：（カナダの）準州／ mitigation：緩和、軽減

訳 ▶ カナダ政府は国民に不要不急の海外渡航を控えるよう要請し、クルーズ船の運航は7月まで中止し、空港では追加の検疫措置を導入することになりました。

私たちはまた、国外からの到着便を検査により適した場所に配置できるよう集約します。

昨日、私たちは多くの州が住民の安全を守るために断固とした措置をとるのを目にしました。どの州も市民を守るためにすべきことを行っており、私はその称賛すべき尽力に感謝したいと思います。

本日、この後、私は州知事や先住民族の指導者たちと電話会議を行い、最新情勢について議論をし、対策の連携をとる予定で、それには十億（カナダ）ドルを超える規模の「新型コロナウイルス対策基金」も含まれますが、これは州や準州に対して準備や事態の鎮静化のための資金を提供するものです。

こうしたことは重要な措置であり、政府はさらに多くのことを行う予定です。

🔊 ここに注目！

　英語とフランス語を公用語としているカナダでは、英仏の二か国語で首相の会見が行われます。全ての内容を二か国語で話すのではなく、英語話者・仏語話者それぞれに伝える必要に応じてスピーチが構成されるようです。

　ここで抜粋した一節の直前では、仏語話者に関係がある話題をフランス語で述べており、その最後の一節がここで取り上げた冒頭部と同じく、「今日」行った内容でした。そこから→ yesterday（昨日）　→ later today（本日）のように時制が前後しているのは、直前の仏語スピーチからの流れの影響かもしれません。

新型コロナウイルスに対して、「チーム・カナダ」として取り組みます！

Justin Trudeau:（2020年3月13日の記者会見より）

The provinces and territories are facing various levels of risk, but we will make sure that we align our response across the country. Addressing COVID-19 must be a Team Canada effort.

To keep Canadians safe, to mitigate the economic impacts of the virus all levels of government are working together. We are talking regularly. We are coordinating our efforts. We are following the situation very closely and we're pulling out all the stops.

I know that you're worried. You're worried about your health, about your family's health, about your job, your savings, about paying rent, about the kids not being in school.

I know that you're concerned about uncertainty in the global economy. The steps being taken to keep you safe have an economic impact.

But what is also true is that we are in the enviable position of having significant fiscal firepower available to support you.

（146 words）

語注

make sure that：確実に〜する／ align：〜を連携させる／ mitigate：和らげる／ pull out all the stops：最大限の努力をする／ enviable：人がうらやむような、ほかよりも恵まれた／ firepower：利用することのできる重要な備蓄品

訳

カナダの州、準州は、さまざまなレベルの危機に直面していますが、私たちは全土にわたって確実に対応の連携を図ります。新型コロナウイルスへの対応は、「チーム・カナダ」としての取り組みでなければなりません。

カナダ国民の安全を確保し、このウイルスの経済への悪影響を和らげるために、どのレベルの政府機関も連携して動いています。

私たちは絶えず対話をしています。対策を調整しています。事態を綿密に観察し、最大限の努力をしています。

みなさんが不安なのは理解しています。みなさんは自分の健康、ご家族の健康、仕事、貯蓄、家賃の支払い、そして学校に行けない子どもたちのことが心配でしょう。

世界経済の先行きが見えないことも不安だと思います。みなさんを安全に保つためにとられている手段は、経済に悪影響を与えています。

しかし、カナダは、みなさんを支援するために利用できる相当の財政力に恵まれていることもまた事実なのです。

ここに注目！

　左の英文で青字で示したWe are talking regularly.とWe are coordinating our efforts.の2つを聞き比べてみてください。すると、単語の数も音節の数も異なる2文であるにも関わらず、どちらも同じようなリズムで発話していることがわかるでしょう。

　このことから、英語では基本的に**内容語**（talking, regularly, coordinating, effort）**に強勢が置かれ**、強勢と強勢の時間的間隔は同じぐらいの長さになりうやすいということがわかります。

▶047 ▶048

大規模な財政刺激策を導入し、 国民を経済的に支援します！

Justin Trudeau:（2020年3月13日の記者会見より）

This is in addition to the measures we've already taken.

The Finance Minister is also in constant communication with his international counterparts to find ways to work together to mitigate the impacts of the <u>virus</u> on the global economy. He will have further announcements shortly this afternoon.

The agreement we reached with other parties to suspend the House today also still gives us the flexibility to do the things we need to do in order to support <u>Canadians</u>.

No one should have to worry about paying rent, buying groceries, or additional childcare because of COVID-19. We will help <u>Canadians</u> financially.

The Government of Canada will be introducing a significant fiscal stimulus <u>package</u> in the days ahead. Every order of government is working to stop the spread of the <u>virus</u>.

Businesses and citizens are taking precautions. We have outstanding public health authorities who are doing an outstanding job. We will get through this together.

（152 words）

語注

in constant communication with：〜と常に連絡をとって／ counterpart：同じ役割を持つ人／ suspend：〜を中断する／ flexibility：柔軟性／ fiscal stimulus package：財政刺激策／ in the days ahead：今後／ outstanding：優れた／ get through：乗り越える

訳 ▶ これは、政府がすでに実施した措置に加えての追加です。

財務大臣はまた、各国の閣僚と常に連絡を取り合い、このウイルスの世界経済への悪影響を和らげるために協力し合う方法を探ろうとしています。彼は間もなく今日の午後にも追加の発表をすることになっています。

議会を休会すると他の政党と本日合意したこともまた、カナダ国民を支援するために必要な措置を実施する上でさらに柔軟性を与えてくれます。

誰も新型コロナウイルスのせいで、家賃の支払い、食料品の購入、あるいは保育費の追加負担を心配するようなことがあってはなりません。政府はカナダ国民を経済的に支援します。

カナダ政府は今後、大規模な財政刺激策を導入することにしています。政府はすべてのレベルでウイルスの流行を阻止するために努力しています。

企業も市民も予防策をとっています。私たちは、すばらしい仕事をしている優れた公衆衛生機関を持っています。私たちはこの事態を一緒に乗り越えるでしょう。

📢 ここに注目！

　カナダは公式にはイギリス国王を国家元首とする国ですが、地理的にはアメリカに近いため、英語の発音もアメリカ英語に似ています。左の英文で青字で示した母音はアメリカ英語に特徴的な r音をともなった母音で発音されています。

　また下線部のように「ウイルス」「カナディアン」「パッケージ」のような語は、カタカナの日本語をイメージしていると聞き取りにくくなるので注意しましょう。virusの語頭をカタカナ語で 「ウィ」と表記するのは、ラテン語発音に基づくものです。

▶049　 ▶050

最前線の現場で働くすべての人々は 今や私たちのヒーローです！

Justin Trudeau: (2020 年 4 月 12 日の記者会見より)

We're facing really tough times right now, there's no doubt. But as a country, we've been through tough times before. Just think of what it was like on Easter Monday in 1917.

Think about the thousands of soldiers from across Canada who ran uphill through sleet and mud at Vimy Ridge, into enemy fire to defend the values we hold dear.

Many made the ultimate sacrifice that day.
But their bravery and courage live on.
In our nurses, doctors, paramedics, and custodial workers.
In our truckers, cashiers, and all front line workers.

They are our heroes now, standing on the shoulders of those who came before. And today, we are all being called upon to join them, and to serve.

(120 words)

語注

Easter Monday：イースター・マンデー（復活の月曜日。日曜日に行われる復活祭の翌日の月曜日）／ **Vimy Ridge**：ヴィミーリッジ（の戦い）（第 1 次世界大戦中にフランス北部のヴィミー尾根で行われた、連合軍とドイツ軍との戦闘。連合軍に属するカナダ軍は 3598 人の兵士が死亡し、およそ 7000 人が負傷したとされる）／ **hold dear**：大切に思う／ **ultimate**：この上ない／ **paramedic**：医療補助者／ **custodial**：保護［介護］の／ **front line**：最前線（の）／ **stand on the shoulders of**：（人）を手本にする／ **call A upon to...**：A に…するように求める／ **serve**：奉仕する、役に立つ

訳 私たちが今、非常に困難な時期に直面していることは、疑いの余地があ
りません。しかし、1つの国家として私たちは以前にも辛い時期を経験し
てきました。1917年の「イースター・マンデー（復活の月曜日）」がどう
だったのか、ちょっと考えてみてください。

カナダ全土からの数千人もの兵士が、私たちが大切にしている価値観を守
るため、雪まじりの雨と泥の中を敵の銃撃にさらされながらヴィミー・
リッジの尾根を駆け上がったことを考えてみてください。

あの日、多くの人たちがこれ以上ない犠牲を払ったのです。しかし、彼ら
の勇敢さと揺るぎない信念は今も生き続けています。看護師、医師、医療
補助者、介護従事者の中に。トラック運転手、レジ係、そして最前線で働
くすべての労働者の中に。

そうした人たちは今や私たちのヒーローであり、みな先人を手本にしてい
るのです。そして今日、私たちはみな彼らに加わり、奉仕することを求め
られているのです。

📢 ここに注目！

2020年4月12日 日曜日、イースター当日の会見です。ヴィミーリッジの戦
いとは、第一次世界大戦中のフランスでカナダ軍がドイツ軍と激戦を交わし
た末、短期間で勝利をおさめた戦いです。ヴィミーリッジはフランスにある
にも関わらず現在も「カナダ国立公園」となっています。

会見の冒頭でこの戦いを引き合いに出し、100年ほど前のイースターの時
期に戦ったカナダ人を、コロナウイルスとの闘いを余儀なくされている現代
のカナダ人と対比しています。

Section **6**

 ▶051　 ▶052

ウイルスと徹底的に闘うことは、私たちの義務なのです！

Justin Trudeau: （2020 年 4 月 12 日の記者会見より）

❶ The Greatest Generation showed us how to fight for what we believe in and how to make sacrifices for what we hold dear. Well, they are precisely the ones most at risk now.

❷ For them, without reservation, without pause, we must fight for every inch of ground against this disease.

This is our duty. This is what will save lives, and help our country come roaring back.

I know that we will rise to the challenge. Because as Canadians, we always do. There's no question that the coming weeks and months will be hard.

This is a fight like most of us have never faced. It will test us all, in our own way.

This disease has already taken too many people from us. If you've lost a loved one, know that we're mourning with you through this incredibly difficult experience.

（141 words）

語注

the Greatest Generation：グレイテスト・ジェネレーション（1901 年から 1927 年生まれで、第二次世界大戦を身近に経験した世代）／ without reservation：大胆に／ for every inch of ground：徹底的に／ come roaring back：再び活性化する／ in one's own way：自分なりに／ mourn：（死者を）悼む

訳 ▶ グレイテスト・ジェネレーションは、自分が信じるもののためにいかに戦うか、そして自分が大切にするもののためどのように犠牲を払うかを教えてくれました。ところが、そうした人たちは、まさに今、最も危険にさらされているのです。

彼らのためにも、私たちは大胆に、ためらうことなく、この疾病と徹底的に闘わなければなりません。

それは私たちの義務なのです。これは人の命を救い、我が国を再び活性化するのに役立つでしょう。

私たちがこの挑戦を受けて立つことはわかっています。なぜなら、カナダ人として私たちはいつもそうするからです。これからの数週間、数カ月が困難なものになることは疑問の余地がありません。

これは私たちのほとんどが今まで一度も直面したことのない闘いです。それは私たち全員をそれなりに試すものとなるでしょう。

この疾病は、すでに多くの人たちを私たちから奪いました。あなたが大事な人を失っているなら、この想像を絶する困難な経験の中で私たちがあなたとともに悼んでいるということ忘れないでください。

📢 ここに注目！

❶は、世界恐慌や第二次世界大戦を経験した1900年代前半生まれの世代を指します。多くの犠牲を払って現代を築いたこの世代を❷コロナウイルスの脅威から守るために、感染拡大を防ぐ必要があると国民を説得しています。

高齢者を守るという目的は同じですが、「人命だから大事（クオモ知事：p. 20）」、「誰を救うかを決めるような倫理的問題につながる（ジョンソン首相：p. 54）」のように、国や地域の成り立ちや実情に合わせて説得の方法が異なる点にも注目してみましょう。

ウイルスを早く打ち負かせるかは、私たちがどう行動するか次第です

Justin Trudeau: （2020年4月12日の記者会見より）

This pandemic has taken much from many families, workers, and businesses across our country.

If you're having trouble making ends meet, know that we're working every day to help you bridge to better times.

If you're feeling isolated or depressed, know that there are supports for you. Know that you're not alone.

And like so many Canadians before us, we will stand together, shoulder to shoulder, metaphorically, united and strong.

The most important thing to remember is the fact that how we act today and tomorrow will determine how quickly we defeat COVID-19.

This is the challenge of our generation.
And each and every one of us has a role to play.

If we all take this seriously, stay apart from each other right now, stay home as much as possible,
and listen to our health experts,
we'll get past this sooner, and stronger than ever.

（146 words）

語注

make ends meet：生活の収支を合わせる／ bridge to：〜に行き着く／ metaphorically：比喩的に／ determine：決定する／ get past：〜を克服する

> **訳** このパンデミックは全国で、数多くの家族、労働者、企業から多くのものを奪い取ってきました。

もしあなたが生計を維持するのに苦労しているのなら、あなたがもっとよい時代を迎えられるように政府が毎日努力していることを覚えておいてください。

もし自分が孤立していると感じたり、気分が落ち込んでいたりするのなら、あなたへの支援があることを忘れないでください。あなたは独りではないことを忘れないでください。

そして、過去の多くのカナダ人と同様に、私たちは寄り添って肩を組み（あくまでも比喩的にですが）、団結して強くなるのです。

覚えておくべき最も重要なことは、私たちが今日、そして明日どう行動するかで、どれだけ早くCOVID-19を打ち負かせるのかが決まるということです。

これこそ、私たちの世代の挑戦です。そして、私たち1人ひとりに果たすべき役割があります。

私たちの誰もがこのことを真剣に考えるなら、今すぐお互いに距離をとり、できるだけ自宅にとどまり、医療専門家の言葉に耳を傾けてください。私たちはやがてこれを乗り越え、これまで以上に強くなっていることでしょう。

🔊 ここに注目！

　バンクーバーでの教員時代には演劇の指導もしていたトルドー首相の英語はクリアで聞き取りやすく、発音のお手本としてふさわしい音声です。例えば日本語母語話者が苦手とする無声破裂音の**帯気**（**アスピレーション**）に注目しましょう。強勢が置かれる音節の先頭の /p, t, k/ が強い息を伴って発音されます。左の青字で示した部分の子音を聞いてみてください。一方、/p, t, k/の直前に/s/があるときには帯気が起こりません。stand、strong、stay などに含まれる /t/ の息の強さと比べてみてください。

今のつらい時を耐え、支え合い、みんなでこの時期を乗り越えましょう！

Justin Trudeau: (2020年4月12日の記者会見より)

When we come out of this—and we will come out of this —❶ we will all take pride in the sacrifices we've made to protect each other and to protect the country we love.

❷ To all the kids at home watching, I wanna speak directly to you, as I do every Sunday. Thank you, for everything you've been doing to get us here.

We're doing ok. I know it doesn't seem that way, and I know it's a scary time. And I know you want to see your friends.

But we're counting on you to keep doing your part, to keep staying home, and to keep being there for your moms and dads.

So many of you are pitching in, helping out, and being heroes right now. We need you to keep staying strong, because you're a big part of this too.

And if there's one thing I know, it's that you're up for this challenge. Together, we will get through this.

(160 words)

語注

come out of：〜を切り抜ける、乗り越える／ take pride in：〜を誇りに思う／ scary：怖い／ count on：〜を当てにする、頼る／ pitch in：協力する／ up for：〜をする元気があって

訳 私たちがこれを乗り越えたとき——いつかは乗り越えるわけですが——私たちはみな、お互いを守り、自分が愛するこの国を守るために払った犠牲を誇らしく思うことでしょう。

自宅でこれを見ているすべての子どもたちには、直接話しかけたいと思います。私が毎週日曜日にそうしているように。今こうしていられるのは、君たちがいろいろなことをしてくれたおかげです、ありがとう。

私たちはうまくやっています。そんなふうに見えないことはわかっていますし、今が怖い時期であることもわかっています。そして、君たちが友達に会いたがっていることもわかっています。

でも、私たちは君たちが自分の役割を果たし続けてくれること、家にとどまり、お父さんやお母さんのためにそこにい続けてくれることを期待しています。

だから、君たちの多くが協力し、人を助け、今ではヒーローとなっているのです。私たちは君たちに強い気持ちのままでいてもらう必要があります。君たちもまた、ここで大きな役割を果たしているからです。

そして、私が確信していることが1つあるとすれば、それは君たちが進んでこの挑戦を受けて立とうとしていることです。みんなで一緒にこの時期を乗り越えましょう。

🔊 ここに注目！

　左の青字で示した❶と❷の2つの英文を「音の高さの変化」に注意しながら聞き比べてみてください。❷のほうが、全体的に音域が広くなっていることに気づかれたでしょうか。実際に計測すると、❶の音域が86〜158Hzなのに対し、❷のほうは75〜190Hzでした。これは、**育児語**や**マザリーズ**と呼ばれる現象で、母親が子どもに話しかけるときのように、高いトーンでゆっくりと抑揚をつけて話す話し方のことを言います。小さい子どもは音の高さの変化に反応しやすいので、自然にこのようなトーンになるのです。

▶057　 ▶058

アメリカと同様にカナダにも、広く浸透した差別は存在します！

Justin Trudeau: (2020年6月2日の記者会見より)

We all watch in horror and consternation what's going on in the United States.

It is a time to pull people together, but it is a time to listen, [it] is a time to learn what injustices continue despite progress over years and decades.

But it is a time for us as Canadians to recognize that we too have our challenges.

That Black Canadians and racialized Canadians face discrimination as a lived reality every single day.

There is systemic discrimination in Canada, which means our systems treat Canadians of color, Canadians who are racialized differently than they do others.

(99 words)

語注

horror：恐れ／ consternation：大きな驚き／ pull ～ together：団結させる／ racialize：
人種によって区別する／ lived reality：生の（はっきりと実感される）現実

訳 私たちはみな、今アメリカで起きていることを恐れと大きな驚きをもって見つめています。

今は人々を団結させる時ですが、耳を傾けるべき時でもあります。今は数十年間にもわたる進歩を経てもなお、どのような不公正が続いているのか知るべき時でもあります。

しかし、私たちカナダ人にとっては、この国にも課題があることに気づくべき時なのです。

それは、黒人のカナダ人や人種で区別されるカナダ人が、毎日のように生の現実として差別に直面しているということです。

カナダには広く浸透した差別が存在するのです。つまり、カナダの社会の全体的な仕組みが、肌の色の異なるカナダ人や人種で区別されるカナダ人を、それ以外のカナダ人とは異なった扱いをしているのです。

ここに注目！

　話した内容以上に、話さなかった内容が大きな話題になった会見です。米国での人種差別反対デモ隊に対する催涙ガス使用について意見を求められ、トルドー首相はカメラを見据えたまま20秒以上にわたって黙り込みました。この質疑応答での一幕は、「言葉に窮した」「プロンプターがミスをした」「沈黙によって抗議した」などといった様々な憶測を呼びました。当たり障りのない回答のあと、Canada / Canadian という語を立て続けに使っていることも特徴的です。隣国の大統領の言動に構う前に自分の襟を正そうというメッセージとも受け止められます。

差別がある現実を直視し、耳を傾け、学ぶ必要があります！

Justin Trudeau: (2020年6月2日の記者会見より)

It is something that many of us don't see, but it is something that is a lived reality for racialized Canadians.

We need to see that, not just as a government and take action, but we need to see that as Canadians.

We need to be allies in the fight against discrimination.

We need to listen.

We need to learn.

And we need to work hard to figure out how we can be part of the solution on fixing things.

This government has done a number of things over the past years, but there is lots more to do, and we will continue to do that because we see, we see you, we see the discrimination that racialized Canadians live every single day.

(123 words)

語注

take action：対応策をとる／ally：味方、盟友／figure out：考えつく／fix things：事態を改善する／every single day：毎日欠かさず

訳 ▶ それは私たちの多くが気づいていないことですが、人種で区別されるカナダ人にとっては生の現実なのです。

私たちはそれを直視する必要があります。単に政府として対応するだけでなく、それをカナダ人として認識する必要があります。

私たちは、差別に対する闘いにおける盟友となる必要があります。

私たちは耳を傾ける必要があります。

私たちは学ぶ必要があります。

そして、事態を改善するための解決策にどうすれば貢献できるのかを考え出すために多大の努力をする必要があります。

カナダ政府はこの数年間に数多くのことを成し遂げてきましたが、まだ実行すべきことは多く、今後も行っていくつもりです。なぜなら、私たちはあなたを、人種によって区別されたカナダ国民が経験している差別を毎日欠かさず目にしているからです。

📢 **ここに注目！**

Section 9で、アメリカ大統領の話をカナダの話へすり替えた上で、somethingや thingsが何を指すのか、weが誰を指すのか具体的に明らかにしないまま最後まで話をしています。

We need to ... のくり返しによって、一見、感動的な意味のあることを話しているような印象を与えていますが、実際の内容は聞き手がどうとでも受け止め、解釈できる余地を残した内容とも言えます。記者からの質問に答える質疑応答には当然、予め用意された原稿ありません。そのような状態で、記者からの答えたくない質問をかわす見事なテクニックと言えるでしょう。

Unit **3**
スピーチの 背景

Justin Trudeau

ジャスティン・トルドー カナダ首相

　3人目に取り上げるのは、ジャスティン・トルドー・カナダ首相（49）です。トルドー氏は、英仏二カ国語を公用語とする現在の多文化国家カナダの原型を作ったピエール・トルドー元首相の長男として生まれ、学生時代は英文学、教育学、環境地理学などを学び、中高で数学・フランス語を教え、雪崩で弟を亡くしたことを機に遺族のための寄付集めに従事するなど、比較的世間で目立たない若年時代を過ごしました。

　転機は2000年10月、元首相の父の国葬。全国TV中継されたトルドー氏の追悼の言葉は、多くの国民の心を打ち、鮮烈な印象を与えました（検索して視聴をお勧めします）。その後、ラジオ局勤務や第一次大戦をテーマとしたTV映画『The Great War』への出演などを経て、国政に進出。2008年に自由党から出馬し下院議員初当選、元首相の息子、端正な顔立ちで、国民の好感度抜群のトルドー氏は、当時議席数第三位に低迷していた自由党の党勢回復の切り札として期待され、2013年に党首に就任、2015年に首相に就任しました。

　カナダでは、2020年1月末に中国渡航歴者のコロナ感染が確認されましたが、国内での感染拡大は見られず、緩やかな海外渡航規制と空港などでの水際対策に留められていました。しかし、3月12日を起点に、大きく動き始めます。この時点で一日当たりの新規感染者は38人、関連死者数0人、累積でも感染者数141人、死者数2人でした。しかし、この日初めて3人の市中感染が確認され、ケベック州知事が「公衆衛生緊急事態宣言」を発令、オンタリオ州知事が学校閉鎖を指示したのを皮切りに、やがて全州がこれに倣いました。この迅速な初動にもかかわらず、感染拡大第一波は、3月下旬から5月末まで続き、5月初めのピーク時には、一日当たりの新規感染者は約1,800人、関連死者数は約180人に達していました。

　本書では、トルドー首相の記者会見から3つの演説を抜粋しています。

ラマダンを祝福するジャスティン・トルドー首相（2020年4月23日）。

1つ目は、2020年3月13日の演説です。上述のように、前日3月12日に国内初の市中感染が確認され、各州が警戒・対策レベルを一気に引き上げていくきっかけとなりましたが、その市中感染者の中に首相の妻で元モデル・タレントのソフィーさんが含まれており、国民に衝撃を与えました。演説の中でトルドー首相は、医療関係者や積極的な対策を打ち出している地方首長らに謝意・賛辞を送りつつ、自らも14日間の自主隔離に入ることに理解を求め、連邦政府の大規模な財政支援を約束、そして、「チーム・カナダ」として団結して対策に当たるよう呼びかけています。

　2つ目の演説は、2020年4月12日のイースター休暇中（感染拡大第一波の下、外出自粛要請中）の会見です。トルドー首相は、コロナを「我々世代の最大の挑戦」であると述べた上で、今日のエッセンシャル・ワーカーを、第一次大戦中の「ヴィミー丘陵の戦い」のカナダ人兵士になぞらえて、信じるもの・愛するもののために犠牲を払ってでも戦い、勝利する、ヒーローとして称え、国民の愛国心、団結心を鼓舞しています。さながら戦時中の指導者の演説のようでもあります。

※「ヴィミー丘陵の戦い」＝ 1917 年英連邦の一員として第一次大戦に参加したカナダ軍が、激しい戦闘によって死者 3,600 人、負傷者 7,000 人を出しながら、フランス北部のドイツ軍事拠点を攻略した戦い。英連邦におけるカナダの地位確立、また、カナダ人の愛国心の誕生につながったと言われる。現在も、カナダ人の誇りや犠牲の象徴として語り継がれる。

　3つ目の演説は、2020 年 6 月 2 日の記者会見です。米 NY 州クオモ知事の解説にもあったように（p.35-36）、5 月 25 日の白人警官による黒人男性ジョージ・フロイド氏殺害事件以降、全米や一部海外にも広まった人種差別反対（BLM）デモに対して、トランプ大統領が警察や軍を投入し、閃光弾や催涙ガスなどを使用して鎮静化させたことに関して、カナダ国内メディア記者が質問したもので、トルドー首相が回答前に 20 秒以上沈黙したことが大きな話題となりました。

　演説の内容は、トランプ大統領への直接コメントを避けながら、カナダにも人種差別は残っており、政府はもちろんのこと、国民皆でそのことを直視し、耳を傾け、学び、解決に向けて努力しようと訴えています。しかし、前年トルドー首相は、29 歳の教師時代や高校生時代に撮影された人種差別的とされる顔を黒塗りした複数の写真やビデオがメディアで取り沙汰されました。それが首相がモットーとする多様性、包摂性、寛容性の真偽を問われるスキャンダルとなり、世論調査で支持率低迷を招くとともに、秋の総選挙で自由党が議席を減らす要因になったと言われています。上述の長い沈黙は、それだけこの問題がトルドー首相にとって政治的にセンシティブであったからと考えられます。

　トルドー首相の支持率推移と感染拡大動向を見ると、第一波到来前の 2 月頃まで 30％台で低迷していた支持率が、第一波中の 3 月下旬から 5 月末にかけて 20％ポイント以上上昇しています。政治学で言うところの「旗の下への結集効果」の典型例と言えるでしょう。

Jacinda Ardern

ジャシンダ・アーダーン

ジャシンダ・アーダーン
Jacinda Ardern

ニュージーランドの政治家

1980 年生まれ、ニュージーランド北島北部の都市、ハミルトン出身。第 17 代ニュージーランド労働党党首、2017 年 10 月に第 40 代ニュージーランド首相に就任。2019 年、ラグビーワールドカップ 2019 開催に合わせて訪日し、安倍首相（当時）らと会談を行った。

スピーチの特徴

　迅速で的確なコロナ対応で市中感染を早期に封じ込め、リーダーシップ力とコミュニケーション力が絶賛されているNZ（ニュージーランド）首相のスピーチです。NZは各国に先駆けて非常に厳しい制限を設けましたが、思いやりと親しみやすさにあふれた対応によって国民からの支持を得ることができました。メッセージの伝え方だけでなく「強く・優しく・団結して」というスローガンを打ち出した首相の強く優しい人柄からも学ぶことが多いスピーチです。

　ここでは、3月21日の会見を取り上げます。まずは国民の気持ちに寄り添い、コロナ対策が必要な理由と目標を挙げ、4つの警戒レベルを順に説明しています。次に、現状まではレベル2であったことを確認した上で、感染リスクが高い層に対する対応・働き方・国内での移動についての指針を示しています。最後に、国民が協力してくれるであろうことに対して感謝の意を表わし、くり返し訴えかけてきたスローガンでスピーチを終えています。

Section 1-7

Section 1

 ▶061 ▶062

世界的な感染拡大と闘うために、するべきことを説明します

Jacinda Ardern: (2020年3月21日の会見より)

I'm speaking directly to all New Zealanders today to give you as much certainty and clarity as we can as we fight COVID-19.

Over the past few weeks, the world has changed. And it has changed very quickly.

In February it would have seemed unimaginable to close New Zealand's borders to the world, and now it has been an obvious step as we fight COVID-19.

This is because we are experiencing an unprecedented event—a global pandemic that in New Zealand, we have moved to fight by going hard, and going early.

I understand that all of this rapid change creates anxiety and uncertainty—especially when it means changing how we live.

That's why today I am going to set out for you as clearly as possible, what you can expect as we continue to fight the virus together.

(137 words)

語注

New Zealander：ニュージーランド国民／ **certainty**：確実なこと／ **clarity**：明らかなこと／ **unimaginable**：想像できない、想像を超えた／ **border**：境界、国境／ **obvious**：明らかな、当然の／ **unprecedented**：前例のない／ **global pandemic**：世界的な感染拡大／ **move to...**：（〜するために）行動を起こす、措置を講じる／ **anxiety**：心配／ **uncertainty**：不安／ **that's why**：そういうわけで、したがって／ **set out**：発表する／ **expect**：予期する

訳 私が今日、ニュージーランドのすべての国民のみなさんに、こうして直接、お話をしているのは、COVID-19と闘うにあたって、できるだけ多くの確かなこと、明らかなことをお伝えするためです。

この数週間で世界は変わってしまいました。そして、とても速く変わってきています。

2月には、ニュージーランドの国境を世界に対して閉じるなど、とても想像できないと思われたでしょうが、今から見れば、それは私たちがCOVID-19と闘うにあたって、当然の一歩だったのです。

これは私たちが前代未聞の出来事——世界的な感染拡大を経験しているからであって、ニュージーランドでは、徹底的にそして迅速に対応して闘うために、私たちは対策を講じてきたのです。

このようにすべてが急激に変わってしまうことで（みなさんが）心配や不安を抱くことは承知しています。特に、そのために生活の仕方を変えなければならないときはそうだと思います。

そこで、今日、私たちが今後もいっしょにこのウイルスと闘っていくにあたり、みなさんは何をすることになるかを、できるだけわかりやすくみなさんに説明していきます。

📢 ここに注目！

まずは、NZ英語の母音の特徴に慣れましょう。NZ英語はTOEICやIELTSでも扱われています。母音四角形と呼ばれる右の図に、NZ英語の母音の特徴をいくつか示しました。/æ/が/ɛ/、/ɛ/が/ɪ/、/ɪ/が/ə/のように聞こえるという特徴があります。/ɛ/は日本の多くの辞書で/e/と表記される音です。

特にステップ、イベント、セットのように**カタカナ語になっている単語**は予想と違った音に聞こえるので注意しましょう。

目標は感染拡大の速度を抑え、健康や経済への影響を小さくすること

Jacinda Ardern: (2020年3月21日の会見より)

❶ The first really important thing to remember is that the vast majority of people who will ever have COVID-19 will only experience mild to moderate symptoms.

❷ But there will be some who will need more care.

❸ That's why we have to focus on one simple goal —to slow down COVID-19.

❹ Slowing it down means not having one big tidal wave of cases, but instead, smaller waves—groups of cases that we can manage properly as they arise.

❺ That means we reduce the impact on health, on jobs and on our economy.

❻ Some countries and places have successfully managed to do this—but it does mean we have to be ready to step up our action when we need to.

(118 words)

語注

vast majority：大多数／ mild to moderate symptom：軽度から中程度の症状／ care：治療／ focus on：～に集中［専念］する／ slow... down：～を減速させる／ tidal wave：高波、大きく広がること／ case：症例、患者、感染（者）／ manage properly：適切に対処する／ arise：生じる、発生する／ reduce：減少させる／ impact：影響／ step up：（1つ上の段階に）上げる、（活動を）拡大する

訳 まず覚えておくべき本当に大事なことは、大多数の人は万一COVID-19に感染しても軽度から中程度の症状を経験するだけで済むということです。

しかし、もっと治療が必要な人たちも出てくることでしょう。

したがって、私たちはシンプルな1つの目標に集中しなければならないのです。——それはCOVID-19の感染拡大の速度を抑制することです。

感染を抑制するということは、感染の大きな波を作らないということです。ただし、その代わりにクラスター（感染者集団）が発生しても、私たちが適切に対処できるような小さな波にするということです。

それは健康面や仕事や経済への影響を小さくすることにつながります。

いくつかの国や都市の中には、うまくそうできているところがあります。しかし、そのためには、必要となれば次の行動がとれるように準備しておかなければならないのです。

ここに注目！

学術研究の章立てには「❶背景、❷問題点、❸目的、❹定義、❺予測される結果、❻他の事例」のようなセクションがよく見られますが、このスピーチはこれとよく似た構成になっています。

❶重症化する人は少ないけれど、❷リスクが高い人もいるので、❸感染拡大の勢いを遅らせるのが目的、❹つまり感染者数を対応可能な範囲に抑えれば、❺健康や仕事、経済への影響を軽減できる。❻他国で成功している事例もある。といった構成を捉えると、内容が聞き取りやすくなるはずです。

▶ 065   ▶ 066

警戒基準には 4 レベルがあり、各段階でしてほしいことがあります

Jacinda Ardern: (2020 年 3 月 21 日の会見より)

There are four levels to the alert system. At each level there are things we need you to do, to keep you safe. And there are things the government will do too.

Alert Level One is where COVID-19 is here, but contained. In this phase we prepare.

The basics, like border measures, contact tracing, and cancelling mass gatherings are all activated.

You'll see that this is where we have been when COVID first arrived in New Zealand.

Alert Level Two is where the disease is contained but the risks are growing because we have more cases.

This is when we move to reduce our contact with one another.

We increase our border measures, and we cancel events. This is also the level where we ask people to work differently if they can, and cancel unnecessary travel.

(136 words)

語注

alert system：警戒基準／ contain：抑制する、封じ込める／ phase：段階／ border measures：国境で行う対策（水際対策）／ contact tracing：（濃厚）接触者の追跡／ mass gathering：大勢の人が集まる集会／ activate：稼働させる、作動させる／ case：症例、患者、感染者／ reduce：減らす

訳 警戒基準には4つのレベル（段階）があります。レベルごとに、みなさんにしてほしいことがあります——ご自分を安全に保つためにです。そして政府がすることもあります。

警戒レベル1は、COVID-19がこの国で発生しても、封じ込められている状態です。この段階では私たちは備えます。

基本的なこと、例えば国境（水際）対策、濃厚接触者の追跡、大規模な集会の中止などがすべて実行に移されます。

おわかりのように、これはCOVID-19がニュージーランドで初めて発生したとき私たちが経験したことです。

警戒レベル2は、この病気が封じ込められていても、感染者が増えているために危険性が高まりつつある状態です。

これは、私たちがおたがいの接触を減らすために対策をとるべきときです。

国境対策を強化し、催し物は中止します。これはまた、可能であれば仕事の仕方を変え、不必要な旅行は取りやめるようにみなさんにお願いするレベルです。

ここに注目！

3文目の**And there are things the government will do too.**に、共感と団結を大切にする首相の方針が表れています。

クオモ知事の section 9（p.30）で「**ハンバーガー型**」のスピーチ構成を取り上げましたが、アーダーン首相の section 3と4はハンバーガーの具が4層（4つの警戒レベル）になっています。これらは深刻度の順に並べられており、さらにそれぞれの内容も「レベル番号→定義→対策」という統一された構成を保っています。

淡々としたトーンで順序だてて説明することにより状況をしっかり把握できていることが示され、人々に安心感を与えるスピーチです。

Section 4

どの警戒レベルにおいても、
必要不可欠なサービスは継続します

Jacinda Ardern:（2020 年 3 月 21 日の会見より）

Alert Level / Three ↘ is where the disease is increasingly difficult to contain.

This is where we restrict our contact by stepping things up again.

We close public venues and ask non-essential businesses to close.

And Alert Level / Four. ↘ This is where we have sustained transmission.

This is where we eliminate contact with each other altogether.

We keep essential services going but we ask everyone to stay at home until COVID-19 is back under control.

It's important to note that with every level supermarkets and essential services, like access to pharmaceuticals, will continue.

/ Shop / normally. / If we do that, our supermarkets will have time to restock their shelves.

（112 words）

語注

increasingly：ますます、いよいよ／ **step things up**：より力を入れる／ **venue**：開催地、会場／ **non-essential**：必要不可欠ではない／ **business**：企業、会社、商店、工場など／ **sustain**：持ちこたえる／ **transmission**：伝染、感染／ **eliminate**：排除する／ **altogether**：完全に／ **be under control**：抑制［制御］されている／ **note**：～に注意する、注目する／ **essential service**：必要不可欠なサービス／ **pharmaceutical**：調合薬／ **restock**：補充する

98

訳 ▶ 警戒レベル3は、この病気を封じ込めるのがますます難しくなっている状態です。

これはさらに努力して人と人との接触を制限するときです。

公共施設を閉鎖し、必要不可欠でない店は休業にするようにお願いします。

そして警戒レベル4です。これは感染が拡大し続けている状態です。

これは、人と人との接触を完全になくすときです。

必要不可欠な業種は続けていただきますが、COVID-19が抑制されるまでは、どなたも外出しないようお願いします。

これは大事なことなので覚えておいてほしいのですが、どの警戒レベルのときも、スーパーマーケットや薬局など必要不可欠なサービスはこれまでどおり利用できます。

普段どおりに買い物をしてください。私たちがそうしていれば、スーパーマーケットは棚に商品を補充する時間があるでしょう。

ここに注目！

4レベルの冒頭はすべて、番号の前に区切りを入れ、数字の部分で下降する同じイントネーションパターンを保っています。これは箇条書きでよく用いられるパターンです。

/ Shop / normally. / は、非常に簡単な2語を区切って、両方の語に強勢を置いて発音しています。パニックに陥った国民が買い占めを始めることを防止するためには、このようにシンプルな言葉で簡潔に伝える方法が効果的なのかもしれません。また、くどくどと説明しないのは、首相が国民を信用していることの表れとも考えられます。

▶069   ▶070

今日のニュージーランドの警戒基準は、レベル2に達しています

Jacinda Ardern: （2020年3月21日の会見より）

Today I am confirming that New Zealand is currently at Alert Level Two. That means the risk of community transmission is growing.

And so to stay ahead and reduce the chances of the wave growing, we need to step things up.

Now, we already have many of the measures for level two in place. But there are some that are new. Here are the things that we need from you:

Today we are asking people over 70 years of age, or people who have compromised immunity or underlying respiratory conditions to stay at home as much as they can.

That means we need friends, family and neighbours to support our older New Zealanders and people who may be in this group by doing simple things like keeping in contact and dropping off food or other supplies.

When you do, make sure you are not sick, that you are using good handwashing practices, and you're keeping your distance.

（157 words）

語注

confirm：確認する／ community transmission：市中感染／ stay ahead：一歩先を進み続ける／ step things up：さらに力を入れる／ have... in place：（計画など）準備を整える／ measures：対策、措置／ compromised immunity：免疫力の低下／ underlying respiratory condition：呼吸器系の基礎疾患／ keep in contact：絶えず連絡を取る／ drop off：届ける／ supply：必需品／ keep one's distance：距離を保つ

訳 今日のニュージーランドの警戒レベルは2だと確認しています。これは市中感染の危険性が拡大しつつあるということです。

したがって、一歩先んじて、感染の波が大きくならないようにするために、私たちは対策を強化する必要があります。

さて、レベル2のためには多くの対策がすでに準備されています。しかし、新しいものもいくつかあります。以下は、みなさんにしていただきたいことです。

今日、お願いしておきますが、70歳を超えている人や、免疫力が低下していたり呼吸器系の基礎疾患があったりする人はできるだけ外出しないようにしてください。

そうなると、友人や家族や近所の方々には、年配のニュージーランド人やこの範疇に入るかもしれない人たちに常に声かけをし、食料品やそのほかの生活必需品を届けていただく必要があります。

そうするときには自分が感染していないことを確認し、手洗いを励行し、相手から距離を保つようにしてください。

📣 ここに注目！

　ジョンソン首相のsection 3（p.44）と7（p.52）で、3拍のリズムや3回のくり返しの効果を取り上げましたが、ここにも「**3のマジック**」が見られます。例えばfriends, family and neighbours は耳に残りやすい3拍のリズムです。

　keeping in contact and dropping off food or other supplies は意味上は並列ではありませんが、強勢が置かれる語が2つずつ入った3つのかたまりで、心地よいリズムを作っています。

　最後のmake sure...に続くフレーズでは、気をつけなければならないことが3つ列挙されており、ここでもやはり「3のマジック」が使われています。

Section 6

 ▶071 ▶072

在宅勤務やシフト制を導入し、
国内移動は控えてください。

Jacinda Ardern: (2020年3月21日の会見より)

We also need everyone to start working differently.
Many offices have plans for workers to work from home.
Others have staggered meal breaks or shift-based working.
We are now asking you to implement these plans.

Now, we know not everyone can do this. We need and
will continue to have health and emergency professionals,
transport and delivery staff, supermarket and food
production workers, and other essential people continuing
on at their place of work.

And there are some sectors where work from home is
impossible. There are still steps these workplaces should
take at the same time, like additional cleaning, and physical
distancing as much as possible.

And finally, we are asking that you limit your movement
around the country. This will help us track and contain any
spread of COVID-19. That means cutting non-essential
domestic travel. Every unnecessary movement gives
COVID-19 a chance to spread.

(146 words)

語注

stagger：（勤務時間など）をずらす／ **meal break**：食事休憩／ **shift-based working**：シフト制で働くこと／ **implement**：実行する／ **health and emergency professional**：医療や救急業務の専門家／ **transport and delivery staff**：輸送・交通機関や配達業務に関わる人／ **place of work**：仕事場／ **sector**：分野、領域／ **step**：手段、措置、対策／ **at the same time**：そうは言っても／ **physical distancing**：物理的距離をとること／ **track**：追跡する／ **contain**：封じ込める／ **non-essential domestic travel**：必要不可欠でない国内移動／ **unnecessary movement**：不必要な移動

訳 また、みなさんには、これまでとは違う形で仕事をしていただく必要があります。多くの会社が従業員に在宅勤務をしてもらうよう対策を立てています。食事のための休憩時間をずらしたり、勤務をシフト制にしているところもあります。今、みなさんに、このような対策を実施していただくようお願いしておきます。

ところで、こういったことは誰にでもできることではないと承知しています。医療や救急業務の専門家たち、輸送・交通機関や配達業務に関わる人たち、スーパーマーケットや食品製造業に関わる人たち、そしてその他必要不可欠な仕事に携わる人たちには引き続き職場にいていただく必要があるでしょう。

また、在宅勤務ができない職種もあります。そのような職場であっても、さらに消毒を徹底したり、可能なかぎり人と人との距離をとるなど、とるべき方策はあります。

そして最後に、国内での移動を控えていただくようお願いします。そうしていただければ、私たちがCOVID-19の感染経路をたどったり、感染拡大を封じ込めたりするのに役立つでしょう。これは必要不可欠でない国内移動をやめるということです。不必要な移動をするたび、COVID-19に拡散するチャンスを与えることになるのです。

🔊 ここに注目！

　この会見の2週間後、イースターバニーと歯の妖精（Tooth fairy）が必要不可欠な労働者に追加されました。さらに、今年は特に忙しいバニーに代わって外から見える窓際にイースターエッグのイラストを置くことが提案されました。

　外出規制により子どもと過ごす時間が増えた親のイライラが蓄積される上に、冬に向かうNZで人々が暗い気分になりやすい時期であったことを考えると、就任後すぐに母親となった首相だからこそ思いつくであろう、温かくておちゃめな演出です。

Section 7

心を強くし、思いやりを忘れず、一丸となってウイルスと闘いましょう

Jacinda Ardern: (2020年3月21日の会見より)

I know this current situation is causing huge disruption and uncertainty. And right now I cannot tell you when that will end.

This alert system is designed to help us through that—so please do stay tuned and we will share daily updates—especially as alert levels can move from one level to the next in a short space of time, as we have seen elsewhere in the world.

For now, I ask that New Zealand does what we do so well. We are a country that is creative, practical, and community minded.

We may not have experienced anything like this in our lifetimes, but we know how to rally and we know how to look after one another, and right now what could be more important than that.

So thank you for all that you're about to do.
Please be strong, be kind, and unite against COVID-19.

(148 words)

語注

disruption：混乱／ stay tuned：その局に合わせておく、常に（そこから）情報を得る／ daily update：毎日の更新／ in a short space of time：わずかな期間に／ for now：今のところ、差し当たって／ country：（全体としての）国民／ lifetime：一生／ rally：集結する／ look after：面倒を見る／ be about to...：まさに～しようとしている

訳 ▶ 現在のこの状況が大きな混乱と不安を引き起こしているのは承知しています。そして、今のところ、それがいつ終わるかは私には言えません。

この警戒基準は、私たちがそれを切り抜けるために考えられたのです。情報は毎日更新しますので、どうぞ常に新しい情報を入手するようにしてください——特に、世界の他の国で見られるように、短い期間に警戒レベルがあるレベルから次のレベルへと変わるようなときには。

今のところ、ニュージーランド国民には、私たちが得意とすることをしていただきたいと思います。私たちは創造的で、実践的で、地域社会を大事にする国民です。

私たちは生まれてこのかた、このような事態を経験したことはないかもしれませんが、団結し、互いを気づかう方法は知っています。今は、それが何よりも大事なのです。

というわけで、みなさんがこれからしてくださることのすべてに感謝します。どうぞ、心を強くして、思いやりを忘れず、一丸となってCOVID-19と闘ってください。

ここに注目！

くり返し使われる we には、国民全体をA Team of Five Millionと呼び、一丸となって困難を乗り越えようと提案した首相の姿勢が表れています。

また、最後の一文の**Be strong, be kind. Unite against COVID-19.** は、毎日のように発信された首相スピーチでくり返し使われたフレーズです。シンプルな単語を使って簡潔な文で訴えかけているので、標語のように人の耳に残ります。

Unit 4

スピーチの背景

Jacinda Ardern

ジャシンダ・アーダーン
ニュージーランド首相

　4人目に取り上げたのは、ジャシンダ・アーダーン・ニュージーランド首相（40）です。アーダーン氏は、ごく普通の家庭に生まれ、大学では政治・広報に関するコミュニケーション学を学びました。労働党員としての活動に熱心だった叔母の影響で17歳で入党、青年部幹部となり、19歳で選挙キャンペーンの手伝いにも従事。大学卒業後は、党幹部議員の政策スタッフ、トニー・ブレア英首相の内閣政策企画局上級政策顧問等を経て、2008年28歳最年少でNZ議会選挙に初当選、2017年37歳で労働党党首（党史上2人目の女性、最年少）と首相（NZ史上3人目の女性、最年少）に就任し、現在に至ります。

　NZ政府のコロナ対策は、「早期から徹底」という戦略の通り、国内感染者ゼロ時点の2020年2月3日に中国発渡航者に対する水際対策を開始し、2月28日に国内初の感染者が確認されると入国禁止対象国を拡大、3月15日に入国者全てに14日間の自主隔離を義務付け、3月17日に対GDP比4%に相当する121億NZドル（8,000億円弱）規模の経済対策を打ち出し、3月19日に全世界からの入国禁止に踏み切りました。3月24日に緊急事態宣言を発令、翌3月25日に一日当たりの新規感染者が前日の55人から80人（これによって累積感染者数は294人）に急増したのを受けて、警戒レベルを最高の「レベル4」に引き上げ、4週間のロックダウンに入っています。国内初のコロナ関連死が確認されたのは、3月29日のこと。4月中旬には感染拡大を収束させ、11月末現在までで累積感染者約2,000人、死亡者25人に留めています。

　このようなNZ政府のコロナ対策に対して、国内野党から「過剰反応」との批判の声もある一方で、世論の8割以上が支持を表明しています。英米メディアは、NZ政府の感染症を「抑制」ではなく「排除」しようとする策であるとし、その成功の立役者であるアーダーン首相を「危機時におけるコミュニケーションのお手本」として絶賛しています。

Singapore FinTech Festival で演説するジャシンダ・アーダーン首相（2020年12月13日）。

　アーダーン首相の国民とのコミュニケーションの巧みさの1つは、多様な情報媒体の使い方です。1982年以来38年ぶりに首相として公共TV中継を通して国民に語りかける一方で、公邸寝室からトレーナー姿でSNSライブ・チャットを通して国民の質疑を受けるなど、戦時下の指揮官と人気YouTuberの両方のやり方で発信・対話をこなしています。もう1つは、単語・表現・例え選びのセンスです。簡潔でわかりやすく、気さくで思いやりのある人柄が想像される、そのような言葉を紡いで伝えられるメッセージを通して国民の共感と信頼を得て、協働意識を醸成し、あるいは鼓舞しているのです。

　本書では、上述したアーダーン首相が2020年3月21日に公共TV中継を通して行った演説から抜粋しています。この時点で、一日当たりの新規感染数は24人、累積感染者数は88人、関連死者数はゼロでした。それでもNZ政府は、他国の経験から感染拡大第一波の到来を予測。対策で先手を打つことを決意し、NZ首相としては極めて異例な同演説を行ったのです。

　演説の第一の目的は、NZ政府の対策戦略の考え方を、国民に確実かつ明確に伝えることです。上述の通り、NZ政府の戦略の基本的スタンスであり、特徴と言えるのは、「早期から徹底」することです。日本も含め他国政府であれば、経済活動の冷え込みを懸念して、感染拡大早期の厳しい予防策に尻込みしてしまうところですが、NZ政府の発想は逆です。早期の予防策によって、感染拡大の波の規模とスピードを下げ、医療制度・雇用・経済への影響を最小限に留めようというわけです。

　第二の目的は、国民と感染拡大の現状把握とそれに応じた行動指針を共有するために、4段階の警戒システムを導入することです。国民に広く普及させるために、複雑な指標や専門用語を極力排除し、度々変更せずに同じシステムを使い続け、状況によっては地域別の適用も可能としました。そうすることで、政府の説明責任を果たすだけでなく、国民と一緒に使い、対策の実効性を上げるための工夫を凝らしたシンプルなシステム設計となっています。

　第三の目的は、この警戒システムによって政府の現状分析を示し、国民に適切な対策内容について理解と行動を促すことです。この時点でNZは、低いほうから2番目の「レベル2」（感染症は封じ込められているが市中感染リスクが拡大傾向にある）に当てはまるとの認識が示されていました。そこで、高齢者や免疫不全・呼吸疾患の患者などに外出自粛、可能であれば自宅からリモートワークを開始、不要・不急の国内移動自粛を要請する一方で、クラスターが発生しない限り、学校は対面継続としています。

　最後に、国民の共感を得て、各警戒レベルに応じた対策行動を促すこと。また、今後警戒レベルが引き上げられた際のより厳しい対策行動についても、心積もりさせることです。演説は、「コロナに対峙するに当たって、強く、親切に、団結しよう」（**Be Strong, Be Kind, and United against COVID-19**）というスローガンで締めくくられています。

Unit

5

Leo Varadkar

レオ・バラッカー

レオ・バラッカー
Leo Varadkar

アイルランドの政治家

1979年生まれ、ダブリン出身。ダブリン大学トリニティ・カレッジで医学を学び、医師に。2004年に統一アイルランド党に入党し、市議会議員となり、後に副市長を務めた。2015年の同性婚の国民投票の際、同性愛者であることをカミングアウト。2017年、38歳でアイルランドで史上最年少の首相となる。2020年2月総選挙の結果、バラッカー政権の退陣が決定。同年6月には連立政権が樹立し、共和党のミホル・マーティン党首が首相に就任（2022年12月まで、バラッカーは副首相に）。その後、バラッカーが首相に再任することが決定している。今回取り上げたスピーチは首相在任時のものである。

スピーチの
特徴

2017年にアイルランド史上最年少で、移民2世、さらに同性愛を公表した初めての首相となったバラッカー氏による、アイルランド史上最高の視聴率を得たスピーチです。在任期間は2020年6月まででしたが、在任中の3月のスピーチですのでバラッカー首相と呼ぶことにします。飾り気のない下降調のイントネーション、ストレートな表現と比喩表現の絶妙なバランスを味わいましょう。

その部分は抜粋していませんが、このスピーチはアイルランド語Lá Fhéile Pádraig shona daoibh!（Happy St. Patrick's Day!）で始まります。聖パトリックの日は元々アイルランドの祭日ですが、世界各地に移住したアイルランド系の人々によって、例年ならば世界中でパレードやパーティが行われます。緑色を身につけることになっているこの日は、首相も緑色のネクタイで登場しました。アイルランドの伝統を継承しつつ、国内だけではなく世界中の人々へ発信していることが、このスピーチの大きな特徴です。

Section 1-7

Section 1

► 075 ► 076

私たちは今、非常事態の まっただ中にあります！

Leo Varadkar: （2020年3月17日の声明より）

❶ This is a Saint Patrick's Day like no other.
A day that none of us will ever forget.
Today's children will tell their own children and grandchildren about the national holiday in 2020 that had no parties, no parades... but instead saw everyone staying at home to protect each other.
In years to come, let them say of us, when things were at their worst, we were at our best.

❷ Our country is making big demands of our healthcare staff, and big demands of every single one of us.
Tonight I want you to know why these actions are being taken and what more needs to be done.

❸ We're in the middle of a global and national emergency —a pandemic—the likes of which none of us has seen before.

❹ So far the number of cases in Ireland has been relatively small. However, we believe the number will rise to fifteen thousand cases or more by the end of the month and rise further in the weeks thereafter.

（166 words）

語注

Saint Patrick's Day：聖パトリックの日［毎年3月17日にアイルランドの守護聖人である聖パトリックを祝うために行われるお祭／ like no other：ほかとはまったく異なる／ make big demands of：～に大きな負担を強いる／ the like：同類のもの／ case：患者、症例／ relatively：比較的／ thereafter：その後に

訳 今日という日は、これまでとはまったく違うセント・パトリック・デーです。決して誰も忘れることのない一日となるでしょう。今の子どもたちは将来、自分の子どもたちや孫たちに話して聞かせることでしょう。パーティーもパレードもなく、その代わりに誰もがお互いを（ウイルスから）守るために自宅にとどまっていた2020年の祝日のことを。あと何年かしたら、この子どもたちに私たちのことも語ってもらいましょう。状況は最悪だったけれど、私たちは見事だったと。

私たちの国は、医療従事者に、そして国民の1人ひとりに大きな負担を強いています。今夜、私はみなさんに、なぜそうした措置がとられ、さらに多くのことが実行されなければならないのか知ってほしいと思います。

私たちは世界的にも国内的にも非常事態——パンデミック——のまっただ中にあり、このようなことはこれまで私たちの誰も目にしたことがありません。

今までのところ、アイルランドにおける患者は比較的少なくてすんでいます。しかしながら、その数は今月末までに1万5千件以上に増加し、その数週間後にはさらに増えるだろうと私たちは考えています。

📢 ここに注目！

このSectionだけでなくスピーチ全体の構成を考えると、❶がSection 7の伏線となっていることがわかります。❷❸❹ではアイルランドの国内事情についてふれていますが、Section 7では「人種・国籍・性別関係なく人類全体の危機である」と述べています。

このスピーチはイギリスの格安航空会社の最高執行責任者に盗用されたことでも有名になりました。世界中の人々に普遍的に当てはまる内容なので、一企業の従業員へのメッセージとして、つい真似したくなってしまったようです。

Section 2

濃厚接触を減らすため、集会は中止し、すべてのパブとバーを閉鎖します！

Leo Varadkar:（2020年3月17日の声明より）

The vast majority of us who contract COVID-19 will experience only a mild illness, but many will be hospitalised and sadly some people will die.

We cannot stop the virus, but working together we can slow it in its tracks and push it back. We can, as you've heard by now—flatten the curve.

But only if everyone takes sustained action. Nothing less will do.

We all need to take steps to reduce close human contact. That is how the virus is spread.

Not just at public gatherings or in public places but also in our own homes, places of leisure and places of work. Large public gatherings are cancelled. All pubs and bars are shut.

And we've asked people to curtail or cancel social gatherings like parties, weddings and other celebrations. I know these choices won't be easy, but they are necessary.

（142 words）

語注

contract：（病気に）かかる／ hospitalise：入院させる（米語でのスペルは hospitalize）／ in its tracks：ただちに、その場で／ flatten the curve：（上昇）曲線を平坦化する／ sustained：持続的な／ will do：うまくいく／ take steps：対策を講じる／ close human contact：人との濃厚接触／ public gathering：集会／ curtail：〜を縮小する

114

訳 新型コロナウイルスに感染した人たちの大多数は、軽い症状ですむでしょう。しかし、今後は多くの人たちが病院に入院して、悲しいことに何人かは亡くなるでしょう。

私たちはこのウイルスをくいとめることはできませんが、みなが協力すればその感染のスピードをただちに遅らせ、押し戻すことができるのです。もうすでにお聞きのように、私たちは上昇曲線を平坦化することができます。

ただし、それは全員が継続的に行動する限りにおいての話です。そこまでしなければ、うまくいきません。

私たちはみな、人との濃厚接触を減らす手立てを講じる必要があります。ウイルスはそのようにして広がるのです。

集会や公共の場だけでなく、自宅、レジャー施設、職場でも同様です。大規模な集会は中止されています。すべてのパブとバーは閉鎖されています。

さらに、政府は国民にパーティーや結婚式、それ以外の祝賀行事などの社交上の集まりは縮小もしくは中止するようお願いしました。こうした手段は容易でないことは理解していますが、必要なことなのです。

ここに注目！

　アイルランド英語はテンポが速く、流れるようなリズムで話されるという特徴があります。slow_it_i(n)_(i)t(s)_tracks、close_human contactのように標準的な英語では起こらない場所で連結や脱落が起きています。

　また、/ʌ/の音が/ʊ/のように聞こえるのも特徴の1つです。ここでは強く表れていませんが、Nothing, just の母音を注意深く聞いてみてください。アイルランド英語ではアメリカ英語のようにr音性母音を発音します。アイルランドからアメリカへ渡った移民の発音がアメリカで広がったことの表れです。

みなさんの命と健康を、ほかのどの問題よりも優先します

Leo Varadkar: （2020年3月17日の声明より）

We will always put your life and your health ahead of any other concern. All resources that we have, financial and human, are being deployed to serve this great national effort.

We are watching what's happening around the world and we will learn from the experience of other countries affected by COVID-19 before we were—what works and what doesn't.

We know the best strategies focus on testing and contact tracing and social distancing. So, that is our strategy.

We will keep our essential services, supply chains and utilities operating.

Many of you want to know when this will be over. The truth is we just don't know yet.

This emergency is likely to go on well beyond March 29th. It could go on for months into the summer so we need to be sensible in the approaches we take.

（140 words）

語注

put ～ ahead of ... : ～を…よりも優先する／ deploy : 配置する／ focus on : ～に集中する／ contact tracing : 接触者の追跡／ social distancing : 対人距離の確保／ essential service : 不可欠のサービス／ supply chain : サプライチェーン／ utilities : 電力・ガス・水道などの公益事業／ sensible : 思慮深い

訳 ▶ 私たちは常にみなさんの命と健康をほかのどの問題よりも優先するつもりです。政府にあるすべての資源は、財政的なものも人的なものも、この大がかりな全国規模の対策に役立てるために配置されつつあります。

政府は世界中で起きていることを注視し、私たちよりも先に新型コロナウイルスの影響を受けた国々の経験から——何がうまくいき何がうまくいかないのか——学ぶつもりです。

私たちは、最善の戦略は、徹底的な検査、そして接触者の追跡、人と人との距離を保つことにあると理解しています。したがって、それが私たちの戦略です。

私たちは必要不可欠なサービス、サプライチェーンや公益事業などは、引き続き機能させます。

みなさんの多くは、これがいつ終わるのか知りたいと思っていることでしょう。実際のところ、私たちにはまだわかりません。

今の緊急事態は3月29日以降もさらに続く可能性があります。夏になるまで数カ月続くかもしれません。したがって、私たちは自分たちがとる対策においては思慮深くなる必要があります。

🔊 ここに注目！

わからないことはわからないと率直に伝えるのが、バラッカー首相の持ち味のようです。Varadkar, gaffe（失言）のようなキーワードで検索すると多くの記事がヒットします。

運輸・観光・スポーツ大臣だった時代には、アイルランドが金融危機から再建するために2010年から受けていた、EUなどからの金融支援を再度必要としているような発言がメディアで報じられ、国際市場に不安を与えたこともありました。一方この正直で率直な姿勢が、首相として高い支持率を維持できた秘訣なのかもしれません。

愛する人たちと離れるのは辛いですが、もう少し待つ必要があります

Leo Varadkar: （2020年3月17日の声明より）

I know it's going to be very difficult to stay apart from our loved ones.

Most grandparents just want to give their grandkids a hug and a kiss around about now—but as hard as it is, we need to keep our physical distance to stop the virus.

Technology can help too—check in with your loved ones on Skype or Facetime and promise them that you'll see them again soon.

We've already seen our fantastic community spirit spring into action. Phone your neighbours, see if they need help, and make sure that those who are living alone are not left alone.

To all the young people watching—I know you're probably a bit bored and fed up by now.
You want to see your friends. You might even be wishing you were back at school tomorrow.

But you're gonna have to wait a while longer for that.
And I hope you remember that this time is tough on your parents as well.

（161 words）

語注

physical distance：物理的距離／check in with：〜と連絡をとる／Skype：スカイプ
Facetime：フェイスタイム（ビデオ通話ソフトウェア）／community spirit：共同体意識／
spring into action：すばやく行動に起こす／neighbour：隣人。米語でのスペルは neighbor

訳 愛する人たちと離れ離れになるのは辛いことだと承知しています。

ほとんどのおじいさん、おばあさんは、今はただ孫を抱き締めてキスをしたいだけなのですが、どんなに辛くても、このウイルスをくいとめるためには物理的な距離をとる必要があるのです。

テクノロジーも役に立ってくれます——スカイプやフェイスタイムで愛する人と連絡をとり、近いうちにまた会うことを約束することができます。

私たちはすでに、みなさんのすばらしい共同体意識が発揮されるのを目にしています。近所の人たちに電話をかけて、その人たちが手助けを必要としているかどうか確認しましょう。一人暮らしの人たちが取り残されないようにしましょう。

これを見ているすべての若者のみなさん——おそらく、みなさんは今では少し退屈していて、うんざりしていることと思います。友達に会いたいことでしょう。明日にでも学校に戻れればいいのにと思っているかもしれません。

でも、そのためには、もうしばらく待つ必要があります。そして、今の時期は、みなさんの親にとっても大変なのだということを忘れないでほしいと思います。

📢 ここに注目！

　3段落目の最後で、バラッカー首相は「you'll see them again soon.」と言っていますが、2020年4月4日に行われたエリザベス女王による異例のスピーチでも「We will meet again.」というフレーズが登場しています。孤独に悩む人々に希望を与える力強いフレーズです。

　5段落目では、若者に直接呼びかけています。ここでは、最初の呼びかけ部分のみが音が高く、それ以降はほかの部分と同じくらいの音域を保っています。ですからUnit 3のトルドー首相（p.80）のように小さい子どもではなく、若者に向けて話していることがわかります。下降調が多いこともこのスピーチの特徴です。下降調を主体とした断定調のイントネーションから、人に媚びたり取りつくろったりしない姿勢が感じられます。

Section 5

マントではなく、手術着を身につけた すべてのヒーローたちのために

Leo Varadkar: （2020年3月17日の声明より）

Like you, my family has spoken about little else in recent days. My partner, my two sisters, and both their husbands are working in the health service—here in Ireland and in the UK. They are all apprehensive.

They have heard the stories from China and Italy of hospitals being overwhelmed and medical staff getting sick. I am so proud of them all.

Not all superheroes wear capes—some wear scrubs and gowns. And all of our healthcare workers need us to do the right thing in the weeks ahead.

Our community services and hospitals are being tooled up. Essential equipment is on the way. Retired staff are returning to service. People are training for changed roles.

This is the calm before the storm—before the surge. And when it comes—and it will come—never will so many ask so much of so few. We will do all that we can to support them.

（154 words）

語注

partner：連れ合い（バラッカーは同性愛者であることを公表しており、相手は医者のマシュー・バレット氏）／ **apprehensive**：不安を感じて／ **overwhelmed**：（数や負担で）圧倒されて／ **cape**：マント／ **scrub**：手術着／ **tool up**：設備を整える／ **surge**：急上昇、大波／ **ask 〜 of ...**：〜に…を求める

120

訳 みなさんと同じく、私の家族も最近、ほかの話題について話すことはほとんどありません。私のパートナーも、2人の姉とその夫たちも医療サービスの仕事に就いています——ここアイルランドとイギリスで。その全員が不安を感じています。

みな中国やイタリアの病院が患者であふれ、医療スタッフが体調を崩しているというニュースを耳にしています。私は、みなを誇りに思います。

すべてのスーパーヒーローがマントをまとっているわけではありません。その中には手術着や医療用ガウンを着ている者もいるのです。そして、この国のすべての医療従事者のために、私たちはこれから数週間にわたって正しい行動をする必要があります。

私たちの地域サービス施設や病院では設備が整えられつつあります。必要な機器は、まもなく届きます。退職したスタッフも仕事に復帰しつつあります。人は以前とは異なる役割のために訓練をしています。

今は嵐の前の静けさです——大きな（感染の）波が来る前の。そして、その波が来たら——それは来るはずですが——この先にはないほど非常に多くの人たちが、非常に多くのことを、非常に少ない人たちに求めることになるでしょう。私たちはその人たちを支援するために、できる限りのことをするつもりです。

ここに注目！

　ここではふれられていませんが、インド出身の医師であった父親と看護師をしていた母親がイギリスで出会いアイルランドに移住した後、バラッカー氏が誕生したそうです。中国やイタリアの医療関係者へねぎらいの言葉をかけているのは、移民の子どもとしての生い立ちにも関係があるかもしれません。また、首相自身も以前7年間医師として働いていました。このスピーチの2週間ほど後に医療従事者として再登録し、週1回のシフトで現場に復帰しました。

恐怖はそれ自体がウイルスですから、時にはメディア視聴を休みましょう！

Leo Varadkar:（2020年3月17日の声明より）

❶ Tonight I know many of you are feeling scared and overwhelmed. That is a normal reaction, but we will get through this and we will prevail. We need to halt the spread of the virus but we also need to halt the spread of fear.

❷ So please rely only on information from trusted sources: from Government, the HSE, the World Health Organisation and from the national media.

❸ Please don't forward or share messages that are from other, unreliable sources. So much harm has already been caused by those messages, and we must insulate our communities and the most vulnerable from the contagion of fear. Fear is a virus in itself.

❹ Please take regular breaks from watching the news and media, and consuming social media. Constantly scrolling on your phone or obsessively following the latest developments is not good for anyone.

❺ Look after your mental health and well-being as well as your physical health.

(153 words)

語注

get through：乗り越える／ prevail：勝利を収める／ halt：くいとめる／ HSE：保健サービス委員会（=Health Service Executive）／ World Health Organisation：世界保健機関（=WHO）。米語でのスペルは Organization／ forward：転送する／ vulnerable：弱い立場にある／ contagion：感染／ consume：利用する／ obsessively：しきりに

122

訳 ▶ 今夜、みなさんの多くが恐れを抱き、途方に暮れていることと察します。それは当然の反応ですが、私たちはこの事態を乗り越え、勝利を収めるでしょう。私たちはウイルスの蔓延をくいとめる必要がありますが、恐怖の広がりもくいとめる必要があります。

ですから、信頼できる筋からの情報だけを頼ってください。アイルランド政府、保健サービス委員会 (HSE)、世界保健機関 (WHO) や国営メディアなどからの情報です。

それ以外の信頼性の低い情報源からのメッセージを転送したり共有したりしないでください。すでにそのようなメッセージのせいで非常に大きな害がもたらされています。そして私たちは地域社会と最も弱い立場にある人たちを、恐怖の感染から守らなければなりません。恐怖はそれ自体が一種のウイルスなのです。

ニュースやメディアを視聴したり、ソーシアルメディアを利用したりするのは定期的に休んでください。絶えず携帯の画面をスクロールしたり、最新動向をしきりに追い続けたりすることは、誰にとってもよくありません。

自分の体の健康とともに、心の健康や精神的な安定にも配慮をしてください。

📢 ここに注目！

「ニュースを見るのを休んで心の健康を保つことも大事である」という主題を最初と最後に述べ、その間に「するべきこと」「してはいけないこと」をpleaseで始める形で挟む「**対比型**」のスピーチ構成です。

❶では国民の心情に理解を示した上で、❷で信用できる情報源を示し、❸では不確かな情報を転送することの脅威について述べ、Fear is a virus in itself.と的確に訴えています。そして❹では情報に振り回されないためのコツを示し、❺で冒頭の主題を言い換えて表現しています。

Section 7

アイルランドから世界中の人々へ、ウイルスは全人類共通の敵です！

Leo Varadkar: (2020年3月17日の声明より)

Tonight on our national holiday I want to send a message around the world: we are in this together.

To the people of China, Spain and Italy who have suffered untold heartbreak and loss—we are with you.

To everyone who's lost a loved one to this virus —we are with you.

To all those living in the shadow of what is to come —we are with you.

Viruses pay no attention to borders, race, nationality or gender.

They are the shared enemy of all humanity.

And so, it will be the shared enterprise of all humanity that finds a treatment and a vaccine that protects us.

Tonight I send a message of friendship and of hope from Ireland to everyone around the world.

(123 words)

語注

untold：言い表せない／ heartbreak：悲嘆、悲しみ／ in the shadow of：〜に脅かされて

124

訳▶ 今夜、国の祝日にあたり、私は世界中に「私たちは同じ状況にいるのです」というメッセージを送りたいと思います。

言い表せないほどの悲しみと喪失を経験した中国、スペイン、イタリアの人たちへ——私たちはみなさんとともにいます。

このウイルスで愛する人を失ったすべての人たちへ——私たちはみなさんとともにいます。

これから起こることにおびえて暮らしているすべての人たちへ——私たちはみなさんとともにいます。

ウイルスは国境、人種、国籍、そして性別などは気にとめません。

ウイルスは全人類共通の敵なのです。

ですから、治療法と私たちを守ってくれるワクチンを見つけることは、全人類の共同事業なのです。

今夜、私はアイルランドから世界中のすべての人に友情と希望のメッセージを送ります。

📢 ここに注目！

　we are with you.のフレーズをくり返したリズムが心を打つメッセージです。アイルランド国外へ、世界へ向けて発信したメッセージであることも、特徴的です。Unit 1, 3, 4のように他国からの移民によって成り立っている州や国では「市民であること、国民であること」を強調する必要があるのとはちがって、歴史的に移民を送り出してきたアイルランドでは、自然に世界全体に目が向くのかもしれません。自身もインド系移民2世であり同性愛者である首相が発するメッセージだからこそ、Viruses pay no attention to borders というフレーズが一層重みを増します。

Unit 5 スピーチの背景

Leo Varadkar

レオ・バラッカー
アイルランド首相（当時）

　5人目に取り上げたのは、レオ・バラッカー・アイルランド首相（42歳、2017年6月〜2020年6月27日まで首相を務めた）です。バラッカー氏は、インド人医師の父とアイルランド人看護師の母を持ち、二人の姉とその配偶者、バラッカー氏の配偶者も全て医療従事者という医療一家です。バラッカー氏自身も、医学部を卒業し、一般開業医の資格を取得していますが、医師としてのキャリアは数年に満たず、市会議員を経て、28歳で国民議会下院議員当選（中道右派の統一アイルランド党）。その後、運輸・観光・スポーツ大臣、保健大臣、社会保障大臣、統一アイルランド党党首、2017年から2020年6月まで（最年少、初のインド系、ゲイであることを公言している初の）首相兼防衛大臣を歴任。現職は、副首相兼企業・貿易・雇用大臣です。

　アイルランド政府のコロナ対策はニュージーランドと似ており、感染拡大が早かった他の欧州諸国の経験に学びつつ、とにかく早めに先手を打つことによって、感染拡大第一波の規模縮小とスピード鈍化に成功しています。国内初のコロナ感染者確認は2020年2月29日。WHOがコロナを「パンデミック」と認定した3月11日、国内初のコロナ関連死者確認。翌3月12日、訪米中のバラッカー首相は、ワシントンDCからTV中継で演説し、教育・文化施設の閉鎖、大規模イベントの中止を要請。3月15日、バーやパブの閉鎖命令。3月17日、後述する歴史的TV演説によって感染拡大の兆候に警鐘を鳴らしつつ、政府の対策戦略を説明し、国民の理解、協力、団結を求めました。その後、3月27日から5月初めまでロックダウンに入っています。

　パンデミック到来は、バラッカー首相の政治家生命にとって不幸中の幸いだったと言えるかもしれません。バラッカー首相は、2月初めの議会選挙で党首を務める統一アイルランド党が大敗した責任を取って辞任し、次期首相が決まるまで臨時首相を務めていました。しかし、コロナ

EPP Summit に出席するレオ・バッラカー首相（2019年）。

対策で示した決断力と効果的リーダーシップによって、首相と政党の支持率は急上昇、2020年6月に発足した連立与党間の合意によって、2022年12月から再び首相を務めることが決定しています。

　この他興味深いのは、バラッカー首相の医師資格登録は2013年に削除されていましたが、2020年3月に再登録され、週に1回電話医療相談を始めたことです。政治家のパフォーマンスに過ぎないとの声もありますが、国民の間での評判は良く、政府の呼びかけに対して5万人の元医療従事者が、逼迫する医療機関を救うために現場復帰に応じています。

　本書では、上述したバラッカー首相が2020年3月17日聖パトリックの祝日の夜、公共TV中継を通して行った演説から抜粋しています。この時点で一日当たりの新規感染者数は69人、関連死者数はゼロ（累積では感染者292人と死者2人）でした。国民の3人に1人以上、約160万人が同演説を視聴したと言われ、同国史上最高の視聴率となりました。

　演説の目的の第一は、コロナに関して国民と事実を共有することです。

アイルランドの感染者はまだ少ないが、3月末までに一日の新規感染者は1.5万人以上に達し、その後さらに増加すると考えられること。多くは軽症だが、中には重症・死亡者も出ること。感染拡大は止められないが、皆で協力し、継続的に人との密接を避ければ、感染増加の規模とスピードを下げられるということ。収束時期は、まだ誰にもわからないこと。

　第二の目的は、政府の対策方針とその中で各々に求められる役割を説明することです。政府は、国民の生命と健康を第一に、他国の経験から学びつつ、財政・人的支援、感染動向の監視と予防、医療・検査機関の拡充などを実施する一方で、国民は、日常生活や働き方において密を避けるための協力、工夫、我慢などが求められること。

　第三の目的は、医療・教育・保育などに従事するエッセンシャル・ワーカーへの賛辞・謝辞を送ることです。彼らをヒーローと称えた上で、今はまだ「嵐の前の静けさ」だが、嵐の到来に備えるために、上記のように政府と国民がそれぞれの役割を果たすことで、彼らに協力しようと訴えています。

　最後に、全世界に向けて連帯、友情、希望のメッセージを送るために、「ウイルスには国境、人種、国籍、性別なんて関係ない」「コロナは人類の敵」「治療法やワクチン開発は人類の共同事業」と述べて締めくくっています。コロナ禍で医薬・医療品の国際的な獲得競争、ワクチン・ナショナリズムなど、自国第一主義が蔓延する中、他国のリーダーとは一味違う、バラッカー首相の勇気・信念・思いやりが伝わってくるようです。

　このメッセージは、ドイツ・メルケル首相にも届いたのでしょうか。EU加盟国間の対策における協調の一環でもありますが、アイルランドの検査能力拡充の限界を補うため、2020年5月より一部の検体はアイルランド軍によってドイツへ輸送され、そこで検査が実施されています。

Unit
6

Lee
Hsien Loong

リー・シェンロン

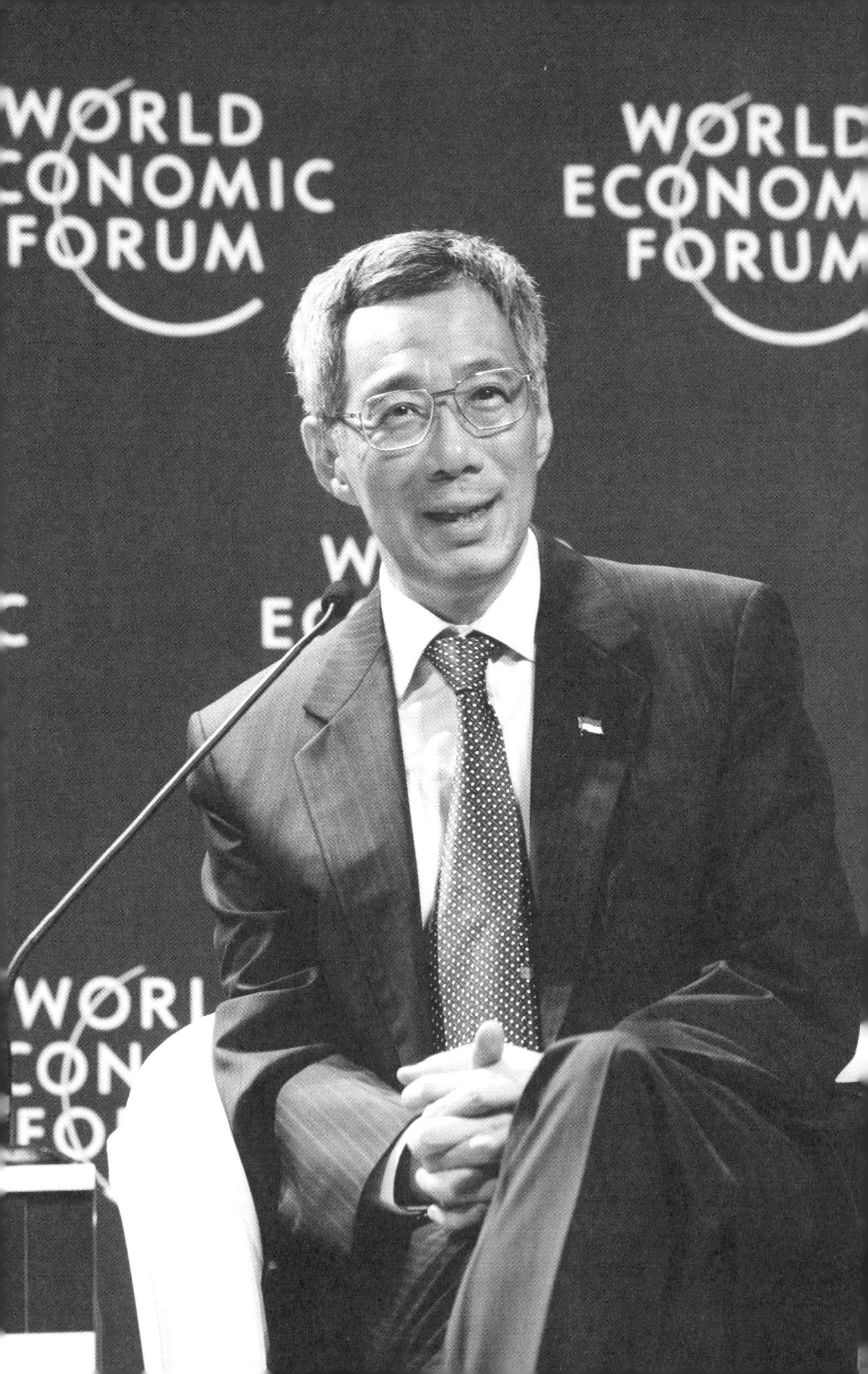
WORLD
ECONOMIC
FORUM

リー・シェンロン
Lee Hsien Loong

シンガポールの政治家

1952 年生まれ。シンガポール
の国父リー・クアンユーの長男。
1971 年 シンガポール軍入隊。
1974 年ケンブリッジ大学卒業。
1979 年 ハーバード大学行政大
学院で修士号取得。2004 年、シ
ンガポールの第 3 代首相に就任。
首相に就任以降、父と同じ権威
主義的な政治体制、いわゆる「開
発独裁」を継承し、シンガポー
ルのさらなる経済的繁栄を目指
している。趣味は読書やクラシッ
ク音楽鑑賞など。

スピーチの
特徴

　シンガポール建国の父リー・クアンユーの長
男である、二世首相によるスピーチです。ほ
かのUnitで取り上げたリーダーのように公私の
メッセージを使い分けて国民感情を鼓舞する
「情」のスピーチではなく、理路整然とこれ
から国家が歩むべき道について明快に示した
「理」のスピーチであることが特徴です。これ
は、このスピーチが発信された6月時点はシン
ガポールがコロナ危機を脱しつつあり、話題の
中心が経済復興にシフトしていたことに加え
て、多民族が共生するシンガポールでは明確な
「理」にかなった説得が好まれるという背景の
表れでもあります。

　シンガポール政府が奨励する「世界で通用す
るビジネス英語」の発音、経済関連の英語表
現・フレーズとともに、段落の最初と最後で
メインテーマを明示するスピーチ構成にも注目し
ましょう。国際語としての英語に必要な論理構
成をマスターするためのコツがちりばめられて
います。

Section 1-7

Section 1

 ▶089 ▶090

感染者数が再び急増するのは何としても避けねばなりません！

Lee Hsien Loong: (2020年6月7日の記者会見より)

My fellow Singaporeans. Good evening.
❶ Our fight against COVID-19 continues.

❷ We have made good progress.
In the community, new cases have come down. In the migrant worker dormitories, the situation has stabilised.

Our healthcare system is coping well, thanks to the outstanding work of our healthcare professionals, and many others on the frontline.

Most importantly, among both Singaporeans and migrant workers, we have kept fatalities low—one of the lowest rates in the world.

❸ As a result, we have been able to move out of the circuit breaker. We are opening up our economy and society, progressively and safely. As we ease up, I expect the number of cases to rise somewhat, as has happened in other countries.

❹ So we are moving cautiously.
We want to avoid the numbers shooting up again, and having to impose a second circuit breaker.

(140 words)

語注

migrant worker：外国人労働者／ **dormitory**：寮／ **stabilise**：安定する。米語でのスペルは stabilize ／ **cope**：対処する／ **thanks to**：〜のおかげで／ **outstanding**：目覚ましい／ **fatality**：死者（数）／ **circuit breaker**：サーキット・ブレーカー（短期的な都市封鎖）／ **progressively**：着実に／ **ease up**：（規制を）緩和する／ **impose**：課す、強いる

訳 ▶ シンガポール国民のみなさん。こんばんは。私たちのCOVID-19との戦いは続いています。

私たちは十分な成果を上げました。地域内では、新規感染者の数は減っています。外国人労働者の寮では、状況は安定しています。

この国の医療システムがうまく対応できているのは、医療専門家と最前線で働いている多くの人たちの目覚ましい活躍のおかげです。

何よりも重要なことに、シンガポール国民と外国人労働者のどちらの中でも、私たちは死者数を低く抑えており——それは世界でも最も少ない割合となっています。

その結果、私たちはサーキット・ブレーカーから脱することができたのです。私たちは経済と社会を着実に、そして安全に再開しつつあります。規制を緩和すると、感染者がある程度増えると予想していますが、それはほかの国々でも見られたことです。

したがって、私たちは慎重に事を進めます。私たちは感染者数が再び急上昇して、二度目のサーキット・ブレーカーを実施しなければならない事態を避けたいのです。

ここに注目！

リー首相のスピーチではほぼすべての話題において、段落の最初と最後で主題を示す「**ハンバーガー型**」の構成を保っています。ここではハンバーガーの「具」の部分が「**原因と結果**」を示すパターンをとっています。

❶で「戦いはまだ続く」と前置きした上で、❷で4月7日から続いたcircuit breaker（サーキット・ブレーカー、短期的な都市封鎖）を終了するに至った要因を説明し、❸でその結果何が起こるかを予測しています。❹は❶を具体的に言い換えた内容です。

シンガポールは前進する上で、ひるむことはありません！

Lee Hsien Loong:（2020 年 6 月 7 日の記者会見より）

The next few years will be a disruptive and difficult time for all of us. But despite these immense challenges, I say to you: Do not fear. Do not lose heart.

Singapore will not falter in its onward march. I believe we can still secure a bright future for ourselves. An even stronger and better Singapore will emerge from this crisis.

First, we have economic strengths and an international reputation built up over many decades. We are highly connected to the global flows of trade, investment, capital and people.

International trade and investments may shrink, but they will not disappear entirely. Some flows will be diverted or dry up, but other new channels will open up. There will still be overseas markets, and opportunities for international partnerships.

（127 words）

語注

disruptive：混乱をもたらすような／ immense：計り知れない、非常に大きな／ lose heart：弱気になる／ falter：ひるむ／ onward：前方への／ secure：手に入れる／ emerge：現れる／ investment：投資／ entirely：すっかり／ divert：方向を変える／ dry up：なくなる／ channel：流通経路

訳 ▶ これからの数年間は、私たちの誰にも混乱に満ちた困難な時期となるでしょう。しかし、こうした計り知れない難題にもかかわらず、みなさんに申し上げます。恐れないでください。弱気にならないでください。

シンガポールは前進する上で、ひるむことはありません。それでも私たちは自分たちのために明るい未来を手に入れることができると、私は信じています。今回の危機から、今までより強く、もっとすばらしいシンガポールが現れることでしょう。

第一に、この国には数十年にわたって培ってきた経済力と国際的な名声があります。この国は、貿易、投資、資本、人材の世界的な流れと強く結びついています。

国際的な貿易と投資は縮小するかもしれませんが、完全になくなってしまうわけではありません。一部の物流は方向を変えたり、断絶したりするでしょうが、ほかの新しい流通経路が開かれるでしょう。海外市場と国際的な提携の機会は今後も存在するでしょう。

📢 ここに注目！

　But の前と後では声の高さが大きく異なり、「国際的な貿易と投資は縮小する」といった不安材料は低いトーンで、「ほかの新しい流通経路が開かれる」といった励ましの言葉は高いトーンで話しています。ネガティブな内容では低い声、ポジティブな内容では高い声になるのは、万国共通の特徴です。

　この Section 2 から Section 4 までは、明るい将来予測の根拠についての説明が3つ続きます。1つ目の根拠は「数十年にわたって培ってきた経済力と国際的な名声」であることを、段落の最初で示しています。

物流と貿易の連携を再構築し、弾力性あるサプライチェーンを！

Lee Hsien Loong: （2020年6月7日の記者会見より）

Second, we have had a head start preparing for the uncertainties ahead. For some time now, we have been working hard to transform and deepen our capabilities.

More immediately, we are systematically rebooting our economy, as countries emerge from lockdowns.

We are rebuilding our transport and trade links.
For example, Changi has already resumed transit flights.

We are working out Reciprocal Green Lane arrangements for safe travel to China and other countries.

We are making our supply chains more resilient.
For example, we are diversifying our sources of food.
We are even buying eggs from Poland, and shrimps from Saudi Arabia.

Next, we are working hard to retain and attract talent and investments to contribute to our recovery.
At a time when some countries are closing their doors, we are keeping ours open.

（133 words）

語注

head start：さい先よいスタート／ **for some time now**：これまでかなりの期間にわたり／ **systematically**：系統的に／ **reboot**：再起動する／ **Changi**：チャンギ国際空港（= Changi International Airport）／ **transit**：乗り継ぎ（の）／ **Reciprocal Green Lane**：相互グリーン・レーン（特定国との間でビジネス上必須な相互出張を認め合うための取り決め）／ **resilient**：弾力的な

訳 ▶ 第二に、私たちは不確実な未来にいち早く備えてきました。すでにかなり
の期間にわたって、政府の機能を改編し、充実させてきました。

ごく最近では、諸外国がロックダウンを解除するのに合わせ、この国の経
済を系統立って再開しています。

私たちは物流と貿易の連携を再構築しています。例えば、チャンギ国際空
港はすでに乗り継ぎ便の運航を再開しています。

私たちは中国などの国々への安全な渡航のために、相互グリーン・レーン
（RGL）を策定しています。

私たちはこの国のサプライチェーンをより弾力性のあるものにしようとし
ています。例えば、私たちは食糧の供給源を多様化しつつあります。鶏卵
をポーランドから、エビをサウジアラビアから買い付けることさえしてい
るのです。

さらに、私たちはこの国の経済回復に役立てるために、人材と投資を維持
し、引き寄せるために懸命の努力をしています。一部の国々が門戸を閉ざ
しているとき、我が国は門戸を開放し続けています。

📢 ここに注目！

固有名詞は当然ですが聞き取りにくいので、背景知識が必要でしょう。
Changiとは、シンガポールのチャンギ国際空港のことです。優れたサービ
スや設備を持つ、東南アジア有数のハブ空港です。Reciprocal Green Lane
（相互グリーン・レーン、ビジネストラック）とは、特定の国との相互渡航
を許可するものです。PCRテスト陰性者がビジネスや公務のための渡航を申
請できるようになりました。

また前Sectionに続き、根拠の2つ目が「不確実な未来にいち早く備えてき
たこと」であることを最初に明示しています。

Section 4

仕事が減った人たちの雇用を
シンガポール政府は支援します！

Lee Hsien Loong: （2020 年 6 月 7 日の記者会見より）

Third, we have programmes and plans to cope with the
challenges before us. The government's biggest priority
now is jobs—helping Singaporeans to keep their jobs,
or find new ones.

We are particularly concerned about those in their
40s and 50s, who are often supporting children and
elderly parents at the same time, and have financial
commitments to meet.

We are also concerned about mature workers nearing
retirement, who want to work for a few more years,
to build up their nest egg for old age.

Lower income workers, who have not much savings
to fall back on.

The self-employed and freelancers, who have less jobs
and income security in the gig economy, and fresh
graduates who are entering the job market in a very
difficult year.

We have schemes to help all these groups.

(134 words)

語注

cope with：〜に対処する／ financial commitment：金銭的な責任／ mature：熟年
の／ nest egg：（将来のための）貯蓄／ fall back on：いざという時に〜を頼る／ gig
economy：ギグエコノミー（インターネットを通じて単発の仕事を受注する働き方）／ job
market：労働市場／ scheme：計画

訳 ▶ 第三に、私たちには目前の難局に対処するためのプログラムと計画があります。政府の今の最優先課題は雇用であり――シンガポール国民が職を失わずにいられたり、新たな仕事を見つけたりするための支援をすることです。

私たちが特に心を配っているのは40代と50代の人たちですが、この世代の人たちは子どもと高齢者を同時に養っていることが多く、家計の責任を負っているのです。

私たちはまた、あと数年働いて老後のために貯金をしたいと思っている退職間近の熟年労働者にも心を配っています。

いざというときに頼れる貯金があまりない低所得労働者も同様です。

仕事が減り、単発的な仕事の受注で収入が不安定な自営業者やフリーランサー、非常に困難な時期に労働市場に入ってくる新卒者も同様です。

私たちにはこうした人たちすべてを支援するための計画があるのです。

ここに注目！

Singlishと呼ばれるシンガポール英語では、二重母音が短くなり語末の破裂音を発音しないのが特徴の1つです。例えば cope は「コッ」と聞こえます。一方リー首相の発音では、particularly のように複数の音節が強形で発音されるという特徴はありますが、Singlishの特徴はありません。Singlishに対して否定的なシンガポール政府は、これまでに何度も Speak Good English運動を展開してきました。中華系・マレー系・インド系民族とそれ以外の国籍を持つ人々が共存する国で、意思疎通をはかるためだけでなく、資源に恵まれていないシンガポールでは外国資本の誘致が不可欠だからです。

また明るい将来予測の根拠の3つ目として、この抜粋部分の始めに述べたprogrammes and plansを、この部分の終わりではschemesと言い換えて締めくくっている点にも注目してください。

大国間の危険な対立からは距離を取り、多国間協調主義を支持します！

Lee Hsien Loong:（2020年6月7日の記者会見より）

Beyond COVID-19, and the economic challenges, we also have to deal with other important external and domestic issues.

Externally, we have to navigate the changing strategic landscape. COVID-19 has worsened relations between the US and China. Actions and counter-actions are raising tensions day by day.

It will become harder for countries to stay onside with both powers. It will be a more dangerous world for a small country like Singapore.

We must ensure our security, and protect and advance our interests when dealing with other countries, big and small.

We must also work with like-minded countries to support free trade and multilateralism, and enhance our voice and influence in the world.

（111 words）

語注

external：対外的な／ domestic：国内の／ navigate：（注意しながら）進む／ strategic：戦略的な／ landscape：状況／ counter-action：対抗措置／ day by day：日に日に／ onside：味方で／ advance：促進する／ like-minded：同じ考えを持った／ multilateralism：多国間協調主義

訳 ▶ COVID-19と経済的な課題以外に、私たちはほかの重要な対外的な問題や国内の問題にも対処する必要があります。

対外的には、私たちは変化を続ける戦略的状況の中を注意して進まなくてはなりません。COVID-19は米国と中国の関係を悪化させています。

一連の行動とその対抗措置が、日に日に緊張状態を高めています。ほかの国々は、この両大国とも支持することがますます困難になるでしょう。このような状況は、シンガポールのような小国にとって、より危険な世界となるでしょう。

私たちは自国の安全を確保し、相手が大国であろうと小国であろうと自国の利益を守り促進しなければなりません。

私たちはまた、似通った考え方の国々と連携して、自由貿易と多国間協調主義を支持し、世界における我が国の発言力と影響力を強めていかなければなりません。

📢 ここに注目！

　最初の1文で、国内外にそれぞれ問題を抱えていることを前置きし、このSectionでは対外的な問題についてふれています。「相手が大国であろうと小国であろうと、自国の利益を守り促進する」と明言しているのは、父親であるリー・クアンユー初代首相時代から開発独裁政治を進めてきたシンガポールらしい対外姿勢です。「負けず嫌いで、利益追求のための合理的な思考を好む」と言われるシンガポール国民の気質をくすぐる表現ですし、行間を読むことがあまり期待できない多民族国家では、このように直接的に訴えかける必要があるのかもしれません。

みなさんが転んでも、立ち上がり、前より強くなれるよう支援します！

Lee Hsien Loong: (2020年6月7日の記者会見より)

Domestically, we have to strengthen our social compact.

We have taken emergency measures to help everyone come through the crisis together. Beyond that, we have to think carefully how to improve our social safety nets.

Sustainable social support will give people confidence to cope with the uncertainties and to make changes to their lives. At the same time, everyone must have the incentive to be self-reliant, and to progress through their own efforts.

We have difficult decisions to make on priorities, resources, and budgets but the values guiding us remain the same: every Singaporean will have equal opportunities.

Whatever your starting point in life, you will have access to good education, healthcare, and housing.
If you fall down, we will help you to get up, stronger.

You can be sure you will be taken care of.
In Singapore, no one will be left to walk his journey alone.

(148 words)

語注

social compact：社会契約／ emergency measures：緊急措置／ safety net：セーフティーネット／ sustainable：持続可能な／ incentive：動機づけ／ self-reliant：自律的な／ budget：予算／ access to：～を手に入れる機会

訳 国内的には、私たちは社会契約を強化しなければなりません。

私たちは誰もがこの危機をともに乗り越えるのを支援するための緊急措置を講じてきました。それに加えて、私たちは社会のセーフティーネットをどう改善するのか慎重に検討する必要があります。

持続可能な社会的支援は、国民に不確実なことに対処して自分の生活に変化を起こすための自信を与えてくれるでしょう。それと同時に、誰もがみな自立して自らの努力で前進しようという動機づけを持たなければなりません。

私たちは優先順位や資源、予算などについて難しい決断をしなければなりませんが、私たちを導く「すべてのシンガポール国民は機会の平等がある」という価値観は変わりません。

みなさんの人生のスタート地点がどこであろうと、よい教育、よい医療、よい住宅を手に入れられるでしょう。たとえみなさんが転んでも、私たちはみなさんが立ち上がり、前より強くなれるよう支援をします。

みなさんは自分が守られると思って安心してください。シンガポールでは、誰一人として（人生の）長い道のりを孤独で歩くままにされることはありません。

ここに注目！

これまでに何度か取り上げた「**3つの連続**」の手法がここでも使われています。日本の英語の教科書では、このような列挙のパターンは「...↗, ...↗, and ...↘」のように、上昇調で列挙した後に最後を下降調で締めるイントネーションで発音すると教えられています。しかし、実際に話される英語では必ずしも常にそうではありません。

ここではpriorities↘, resources↘, and budgets↘のように3語全てが下降調で発音されることにより、これらについて苦渋の決断を迫られるというイメージへの重みが増しています。一方で、good education↗, healthcare↗, and housing↘.のほうは、教科書通りの典型的なイントネーションのパターンで発音しています。

143

Section 7

怒りと恐怖と恨みに屈するか、お互いを信頼し、助け合うのか

Lee Hsien Loong: （2020年6月7日の記者会見より）

For our plans to succeed, for our hopes and dreams to come true, we need one final ingredient: the unity and resilience of our people. Once in a while, nations and peoples are severely tested, as we are now.

Some buckle under pressure and emerge from crisis diminished. Others grow more determined as they face fearful odds, discover reserves of strength in themselves, and emerge from crisis transfigured, renewed.

And that has been our Singapore story: in crises, we have never failed to wrest opportunity from danger.

Now, at another hinge in our history, it is our turn to face the crisis of a generation. The choices that we make now will define who we are as a people, and what values and ideals we pass on to future generations.

Confronting adversity, do we yield to anger, fear and bitterness? Or will we be true to ourselves, stand firm, make tough choices, and continue to trust and depend on one another?

（161 words）

語注

ingredient：要素／ resilience：立ち直る力／ buckle：屈服する／ diminish：弱める／ odds：見込み／ reserve：蓄え／ transfigure：姿を変える／ never fail to...：必ず〜する／ wrest：〜をもぎ取る／ hinge：かなめ、基点／ adversity：逆境／ yield to：〜に屈する／ bitterness：恨み／ true to oneself：自分自身に忠実な／ stand firm：自分の立場を貫く

訳 私たちの計画が成功し、私たちの希望や夢が実現するには、最後に1つの要素が必要です。それは、国民の団結と立ち直る力です。時折、国家や国民が厳しい試練にさらされることがあります。今の私たちがそうであるように。

プレッシャーに屈し、危機の後で意気消沈している人もいることでしょう。その一方で逆境に直面しながらも決意をより固くし、自分に残っている力に気づき、新たな姿となって危機を切り抜ける人たちもいます。

そして、それが私たちの国、シンガポールの物語だったのです。重大な局面の中で、私たちはこれまで危機からチャンスをもぎ取ることに必ず成功してきたのです。

この国の歴史における重大な局面において、今こそ私たちが一世代に一度の危機に立ち向かう番です。私たちが今行う選択が、私たちがどのような国民なのか、そして私たちがどのような価値観と考えを次の世代に受け渡すのかを決めることになるでしょう。

逆境に直面して、私たちは怒りと恐怖と恨みに屈するのでしょうか。それとも、自分に対して誠実になり、固い決意で厳しい選択をして、これからもお互いを信頼し、頼りにしていくのでしょうか。

ここに注目！

ここでは**対比型**のパターンが使われている部分を抜粋しました。

Someとothersの対比では、誰が聞いてもothersの行動のほうがみながとるべき正しい行いであることが明らかになるように説明しています。

後半の抜粋（第5段落）では疑問文を2つ並べて、ふさわしい行動の選択肢を与えています。これも後者のほうが正しいと示唆していることは明らかです。しかし、スピーチはここで終わらず、正答がどちらなのかが一層明白になるようにこの後の説明が続きます。価値観が異なる人とのコミュニケーションでは、正答を忖度してもらえることを期待せずに言語化することが大切なのかもしれません。

Unit 6
スピーチの
背景

Lee Hsien Loong

リー・シェンロン
シンガポール首相

　6人目に取り上げるのは、リー・シェンロン・シンガポール首相（68）です。リー氏は、シンガポール建国の父リー・クアンユー初代首相の長男として生まれ、19歳でシンガポール軍に入隊。軍の奨学金を得て、英ケンブリッジ大学で数学とコンピューター・サイエンスを、米ハーバード大学ケネディ・スクールで行政学を学びました。卒業後約10年間従軍し、准将まで昇進。その後、政界進出し、1984年32歳の時に国会議員初当選。この頃から始まった父リー・クアンユー首相の権力移譲の過程の中で、貿易産業大臣、中央銀行総裁、財務大臣、副首相等を歴任し、2004年から現職、第3代首相と人民行動党書記長を務めています。

　シンガポールにおける新型コロナ感染拡大を巡ってリー首相は、短期間のうちに天国と地獄を見たと言えるかもしれません。シンガポールは、2003年に感染者238人、死者33人を出したSARSの流行、2009年に感染者41.5万人、死者18人を出した新型インフルエンザ（H1N1）の流行を経験したことから、感染拡大警戒システムから感染予防ガイドラインなど、感染病危機管理の制度やノウハウの蓄積がありました。

　このため、今回のコロナに際しても国内感染が本格化する前から、水際対策、感染経路追跡とクラスター対策、医療・医薬品の確保（2月1日、発表から2日で全戸にマスク4枚配布）、隔離・治療施設の拡充などを徹底しました。2020年3月頃から他国で感染拡大第一波が見られる中、シンガポールでは、海外渡航歴者の感染確認を除けば、市中感染者数は一日当たり一桁台で推移しており、第一波の到来そのものを回避したかのように見えました。この頃、リー政権の対策は、国際的に絶賛されていました。

　しかし、春になって状況が一変します。シンガポールの建設業や造船業は、バングラデシュやインド出身の30万人超の出稼ぎ労働者に支えられており、彼らは安い外国人専用寮で一部屋10人以上という極端な

146

World Economic Forum / CC BY-SA 2.0

世界経済フォーラムに出席するリー・シェンロン首相。

「三密」の環境で生活を送っていました。3月26日、外国人寮から初の感染者が確認されると、数週間で一日当たり500〜1,000人の新規感染者が続く、爆発的な感染拡大が起こりました。シンガポール社会の影で進行していたこの感染拡大を見過ごしたことは、リー政権にとって大誤算であったと言えます。

　ここからリー首相は、ミスを挽回すべく、4月7日から8週間のロックダウンに入り、この間に、全国80カ所の介護施設の入居者・従業員1.4万人、そして、30万人超の外国人寮生活者全員に抗体／PCR検査を実施しました。結果的に、介護施設の感染者は5人のみでしたが、外国人寮では4〜5月の2カ月で3.2万人の感染者が確認されました。シンガポール全新規感染者の95％が、外国人寮生活者によるものでした。この第一波は夏までに収束し、秋以降の新規感染者数は一桁台で推移しています。11月末現在の累積感染者数で比較すると、コロナは2009年の新型インフルの約7分の1の規模に抑えられています。

147

　本書では、リー首相が2020年6月7日にTV中継を通して行った演説から抜粋しています。この演説のタイミングと内容について、4点を指摘することができます。

　第一に、演説が行われたのは、6月2日から段階的にロックダウン解除が始まった頃。外国人寮生活者の感染拡大も、ピーク時水準の半分以下となり、事実上第一波収束宣言となっています。

　第二に、ポストコロナにおける経済復興戦略の説明です。政府は、「対GDP比20%に相当する930億シンガポール・ドル（約7.3兆円）の財政支出をする予定であるが、当面グローバル経済情勢は厳しいものとなり、元に戻らないかもしれない。従って、コロナ終息のその先を見て、産業や人材改革を進めよう」と訴えています。

　第三に、この演説の約二週間後の6月23日に総選挙が控えていたことです。このため、演説の内容構成には、2015〜2020年の第4次リー政権の総括や次期政権公約に加えて、与党人民行動党の選挙キャンペーンの売り込み口上が、巧みに掛け合わされている印象です。

　最後に、現在68歳のリー首相は、以前から70歳までに首相から退任することを公言してきました。上述の総選挙に勝利して、既に第5次リー政権がスタートしていますが、この5年の任期の間に、次期首相に交代すると見られています。つまり、この演説からも、リー首相のレガシー作りが視野に入ってきていることが予想されます。

　リー首相は、経済の復興を成し遂げ、次の時代の経済を再創造するに当たって、シンガポール人の団結とレジリエンス（回復力）の重要性を強調しています。マレーシアの一州として英国からの独立を果たし、マレー人支配のマレーシアから追放される形で1965年に建国に至った苦難の歴史と、「災い転じて福となす」の言葉通り、それを乗り越えてきたシンガポール人の国民性、価値観、理想を、現代の我々がポストコロナを生き抜く中でもう一度体現しようと訴え、国民を鼓舞して演説を締めくくっています。

Unit

7

Audrey Tang

オードリー・タン

オードリー・タン

Audrey Tang / 唐鳳

台湾のデジタル担当大臣

台湾のプログラマー、政治家。中華民国行政院政務委員。改名しており、旧名は唐宗漢（Autrijus Tang）。2016年、蔡英文政権において35歳の若さで行政院に入閣し、デジタル担当大臣を務める。新型コロナ対策として、全6000カ所以上の販売拠点でのマスクの在庫が30秒ごとに自動更新される「マスクマップ」を開発。東京都の「新型コロナウイルス感染症対策サイト」の修正にも協力した。自身の理念として「徹底的な透明性」（Radical Transparency）を挙げている。好きな日本の漫画は『攻殻機動隊』。

スピーチの特徴

　ここでは、2020年9月21日に開かれたオンライン・イベント*で、オードリー・タン大臣に日本の青年グループがインタビューした内容から抜粋して掲載します。普段のインタビューでは柔らかい口調ながらも淡々と言葉をつなげる語り口になる傾向が強いタン大臣が、日本語を母語とする学生を対象とした今回のオンライン会議ではフレーズごとに間をあけて、ゆっくりはっきりと話しています。予め原稿を準備したスピーチではなく一問一答のインタビューであるにもかかわらず、どの回答も即興で話の流れを組み立て、わかりやすい言葉で論理的に自身の考えを伝えています。

　ところどころで、日本の学校でお手本とされる英語とは異なった文法や発音が出てきます。英語を国際コミュニケーションの場で使えるようになるためには、学校で習った文法とは異なる表現や、聞き慣れない発音に柔軟に対応する姿勢が必要です。特に非英語母語話者どうしの会話では、お互いが自分の母語の影響を受けた英語で話すので、わかりやすい話の構成と、クリアな発声が必要とされます。国際語としての英語の音声に耳を慣らしておきましょう。

Section 1-7

＊13-19歳のためのオンラインスクール「Inspire High」が開催した特別ライブ配信イベント

Section 1

緊急事態を救ったマスクマップは、市民団体によって考案されました

Audrey Tang: （2020年9月21日のインタビューより［以下同］）

The mask map which is a map that we use to ration is created by the civil society people, such as the g0v initiative and so on.

And these are important because in the beginning of the pandemic, we have[had] very limited production.

Probabilities of people getting a mask on a free market is[was] low because at the time we only produce(d) 2 million medical mask(s) a day in a country of 23 million people.

Of course we will ramp up it[ramp it up] to more than 20 million a day in the following months, I think by April or May. But in the first three months there was a real shortage for the medical masks.

We devised a system where everybody can use their national health insurance card that covers more than 99.99 percent of all the citizens and residents too.

（142 words）

語注

mask map：マスクマップ／ ration：供給する、配給する／ civil society：市民団体（政府、企業から自立して「社会と政府の橋渡し」をする市民組織）／ g0v：ガブゼロ（台湾で、政府が持つ情報の透明化を改善・促進するために有志のプログラマーが立ち上げたオンラインコミュニティ）／ initiative：イニシアチブ（新規の構想、計画）／ pandemic：パンデミック（感染症の世界的大流行）／ probability：見込み、可能性／ free market：自由市場／ medical mask：医療用マスク／ ramp up：増やす／ shortage：不足／ devise：考案する／ national health insurance card：国民健康保険証

訳　マスクマップは私たちが（マスクを）供給するために使うマップで、g0v（ガブゼロ）イニシアチブなどのシビル・ソサエティ（市民団体）の人たちによって考案されています。

そしてこれは大事なのです。というのは、パンデミックの初期には非常に限られた生産量しかなかったのですから。

自由市場でマスクを買える可能性は非常に低かったのです。そのときは人口2300万人の国で1日に200万枚しか医療用マスクを生産していなかったのですから。

もちろん、その後、4月か5月だったと思いますが、1日に2000万枚以上に（生産を）増やしました。しかし、最初の3カ月は、医療用マスクはとても不足していたのです。

私たちは、誰でも（マスクの購入に）自分の国民健康保険証が使えるシステムを考え出しました。それ（保険証）は、すべての国民と住民の99.99パーセント以上に行き渡っているのです。

🔊 ここに注目！

どのような聞き手にも伝わるようにハッキリとした発声で明瞭に話しており、**国際語としての英語**（English as an International Language）のお手本のような音声です。

タン大臣の母語である台湾語の影響で、動詞が過去時制になっていなかったり名詞が複数になっていなかったりしている箇所もありますが、話の内容は文脈から問題なく伝わります。英語の文法や発音が正しいかどうかよりも、マスクマップ開発に至った柔軟な発想や、その発想を論理的かつ平易な言葉で伝えるコミュニケーション力に注目しましょう。

台風や地震といった非常時には、関係各所が一丸となることが大切です

Audrey Tang:（政府と国民の共同作業について聞かれて）

The application called "LINE" was invented because of the large earthquake. And people need a way to keep communication open.

Even if they run out of electricity, for example, they still can use the battery in their phone to send short messages to each other.

So I'm sure, with the typhoons and earthquake(s), Japanese people can understand how important it is for all the different sectors to come together.

Just today we have the anniversary of the major earthquake back in '99. It's called the "September 21st." And this is our national disaster prevention day. On[At] 9 a.m. and 21 minutes afterwards, like "9 21 9 21," everybody's phone receive(s) this SMS.

That is a drill that reminds people to work together to work with the earthquake disaster prevention and timely response.

（132 words）

語注

LINE：コミュニケーションアプリ LINE（韓国人起業家の李海珍 / イ・ヘジン氏が東日本大震災のとき家族と連絡を取ろうとする被災者たちの映像を見て発案）/ **the large earthquake**：あの大地震。ここでは「東日本大震災」のこと／ **run out of electricity**：停電になる／ **come together**：一体となる／ **September 21st**：「921 大地震」（1999 年 9 月 21 日に台湾中部を震源として発生したマグニチュード 7.6 の地震）／ **national disaster prevention day**：国家防災の日／ **SMS** = Short Message Service：ショートメッセージサービス

訳 LINEというアプリケーションはあの大地震があったから考案されました。そして人々にはいつでもコミュニケーションができる手段が必要なのです。

例えば停電になっても、携帯電話のバッテリーを使えばショートメッセージを互いに送受信することができます。

したがって、台風や地震の経験から、日本人はさまざまな部門が一体となることがどんなに大事かわかっているのだと思います。

まさに今日は1999年に（台湾で）発生した大地震の記念日です。それは「921大地震」と呼ばれています。そして、この日（9月21日）は台湾の「国家防災の日」です。午前9時21分になると、921 921というふうに、誰のスマートフォンもこのテキストメッセージを受信するのです。

それは1つの訓練であって、人々に協力することを、地震災害予防と時宜を得た対策を思い出させるのです。

ここに注目！

　disaster の最初の母音を /ɪ/ ではなく/aɪ/ と発音しているので、初めて聞くとわかりづらいかもしれません。しかし前後の文脈や、prevention（予防）という単語といっしょに使われているので、何となく意味は想像できるはずです。何回かこの語を聞いているうちに耳も慣れてくるのではないでしょうか。

　このように、様々な音に対応できる柔軟な耳を作ることが、「国際英語コミュニケーション」の秘訣です。聞き取れない語の音だけにとらわれず、文脈全体から意味を推測することは、英語のリスニング全般にも役立つ重要なテクニックです。

出自の異なる者たちが共通の価値観を抱き、何かを刷新できるか？

Audrey Tang: （「あなたを突き動かしているものは何か」と聞かれて）

❶ Yeah. I think there are two main questions that both motivates you and that I seek answer(s) (to).

❷ The first one is, if people have very different positions and backgrounds, how may we arrive to common values? That's question one.

❸ And the second question is, given the common values that we have, can we innovate something without leaving anyone behind? That's the second question.

❹ So a lot of my work is motivated by those two questions, which does not have a standard answer. Rather, it needs to be practiced from day to day.

(93 words)

語注

position：地位、立場／ background：経歴、生い立ち／ common value：共通の価値観／ innovate：革新（刷新）する／ leave someone behind：（人）を置き去り［置いてきぼり］にする／ standard answer：標準的な答え／ practice：実践する／ from day to day：日ごとに

訳 はい。そこには2つの重要な問いがあって、両方ともみなさんの興味を引くものですし、私は答えを求めようとしています。

1つ目のものは「人は立場や経歴（生まれや育ち）が大きく異なっている場合、どのようにして共通の価値観に達するか」です。これが一番目の問いです。

そして2番目の問いは、もし私たちに共通の価値観があったとしたら、私たちは「誰も置き去りにすることなく、何かを刷新できるか」ということです。これが2番目の問いです。

したがって、私の仕事の多くは、この2つの問いによって動機づけられていますが、これらには標準的な解答はありません。むしろ、それは日々、実践していく必要があるのです。

ここに注目！

　冒頭で**内容のフレームワークを紹介してから話し始める**、論理構成の王道ともいえる展開パターンです。

　❶では、質問の内容を簡潔に言い換えつつ、これから話す内容に2つの論点があることを予告しています。❷❸には2つの論点があり、それぞれの冒頭と最後で The first one is... question one.、And the second question is... second questionと述べ、どこからどこまでが1点目で、どこが2点目の論点なのかを明確に示しています。

　❹のクロージングでは2つの論点を述べ終わったことを伝えつつ、質問の内容を冒頭とは異なった形で言い換えて話をまとめています。

新しいテクノロジーが登場する度に、少なくとも４つの賛否両論があります

Audrey Tang:（自身の課題と今の仕事との関連を聞かれて）

For example, whenever there is a new technology arriving, people will think of very different uses. For self-driving vehicles, you can easily think of a thousand different uses.

Some of them are for economic prosperity, but then people worry that it will also make a negative impact on the environment. They think it should be used for environmental protection.

Some of them may drive the science forward. But then some people may worry that this will disrupt the social equality to make people who enjoy less opportunity enjoy even less opportunity, if those self-driving vehicles or 5G are only available in the highly developed municipalities and places.

So for each emerging technology, there's at least four different position(s). If you talk about the sustainable goals globally, there's[are] at least 16 different positions on any technology.

And so that's relevant because the 17th goal of the SDGs are[is] the partnership for the common goals. Digital can help make the environmental, social and business impact accountable to[for] each other.

（167 words）

語注

but then：そうは言っても／ **disrupt**：混乱させる／ **enjoy opportunity**：機会に恵まれる／ **5G**：そうは／ **municipality**：自治体／ **emerging**：新しく登場する／ **sustainable goal**：持続可能な目標／ **relevant**：有意義な、関係のある／ **17th goal of the SDGs**：SDG の 17 番目の目標「パートナーシップで目標を達成しよう」（世界中の国家だけでなく、企業・市民・学術界などが一丸となってすべての人々が平和に暮らせる環境づくりを目標とする）／ **SDG =** Sustainable Development Goals：持続可能な開発目標（国連の持続可能な開発のための国際目標で、17 のグローバル目標から成る）／ **accountable**：説明責任がある、説明できる

訳 例えば何か新しいテクノロジーが登場するたびに、人々はさまざまな用途を考えつくことでしょう。自動運転車については、1000種類もの用途を簡単に考えつくことができます。

そのいくつかは経済繁栄に役立ちます。しかし一方で、それは同時に環境に悪い影響を与えるだろうと人々は心配します。彼らはそれは環境保護のために使われるべきだと思うのです。

そのいくつかは科学をさらに進歩させるかもしれません。しかし一方で、ある人たちは、もしそのような自動運転車とか5Gが非常に先進的な自治体や場所でのみ利用可能なら、それは社会的平等を壊して、あまり機会に恵まれない人たちからさらに機会を奪ってしまうかもしれないと心配します。

したがって、新しいテクノロジーが登場するたびに、少なくとも4つの異なる立場があります。もし、持続可能な目標について世界的な視野で語るならば、どのようなテクノロジーにも少なくとも16の異なる立場があります。

したがって、それは（私のデジタル大臣としての仕事に）直結しているのです。SDGの17番目の目標は「パートナーシップで目標を達成しよう」ですから。デジタル技術は環境、社会、ビジネスへの影響について、お互いに説明責任を負わせるのに役立つのです。

📢 ここに注目！

Some of them... but then (some) people (may) worry that...という**対比**が2回続き、話の流れにリズムができています。コロナ禍でのオンライン会議で収録された音声のため、2回目の Some of themの冒頭で音が歪んでいますが、話の構成にリズムがあるのでフォローしやすいはずです。雑音や音の歪み、複数の話者の声の重なりが起こりやすいオンライン・コミュニケーションでは特に、わかりやすい話の構成やクリアな発音が話し手に求められます。聞き手としては、音声だけに頼らずに状況から判断する技術を身につけておきましょう。

Section 5

デジタル技術は光の速度で伝わり、世界のどこでも複製できます

Audrey Tang: （開発したマスクマップが韓国でも使われた点を聞かれて）

About a common innovation, digital can help to make this innovation replicate in anywhere in the world, traveling by the speed of light.

The mask map that I show(ed) you, which was invented in early February this year, gets[got] running in Korea by March.

And I met with[via] video many people in Korea that brought this innovation there in one short month.
Some of them are just 14 or 15 years old.
They are very young people.

And they don't speak Mandarin. Finjan Kyung, the person who wrote the map for Korean people, doesn't speak Korean. But they both speak Javascript, and that's enough, and that innovation can[was able to] spread very quickly.

（113 words）

語注

innovation：イノベーション、新しいアイデア、革新的な発明（品）／ replicate：複製する／ Mandarin：標準中国語／ Finjan Kyung：フィンジョン・キアン。台湾の台南在住。彼は韓国語は話せないがコンピューター言語の JavaScript が書けたため、韓国で最初のマスク配給マップのコードを書いた／ Korean people：韓国の国民／ JavaScript：ジャバスクリプト（プログラミング言語の１つ）

訳 一般的なイノベーションについて言えば、デジタル技術によって、このイノベーションは光の速さで伝わり、世界のどこででも複製しやすくなっています。

あなたにお見せしたマスクマップは今年の2月初めに考案されたのですが、3月には韓国で使われるようになっていました。

そして私はビデオ会議で、わずか1カ月のうちにこのイノベーションを韓国にもたらした多くの人に会いました。その何人かはわずか14、15歳でした。彼らはとても若い人たちなのです。

そして彼らは中国語をしゃべりません。韓国の人たちのためにマスクマップ（のプログラム）を書いたフィンジョン・キアンさんは韓国語をしゃべりません。しかし、彼らはどちらも JavaScriptが使えますから、それで十分で、あのイノベーション（＝マスクマップ）は非常に速く広まることができたのです。

ここに注目！

Javascriptはプログラミング言語なので話すことはできないはずですが、speak Javascript という用語の使い方に、タン大臣の来歴と柔軟な発想が端的に表れているようにも感じられます。

この話の中に登場する若者と同様、タン大臣自身も12歳からプログラミング言語を学び、コンピューター会社の経営やIT企業の創業に携わりました。中学校を中退しても世界的企業とのつながりを与えてくれたプログラミング言語は、大臣にとっては台湾語や英語と同様に「話す」ものなのかもしれません。

▶113　 ▶114

社会の問題をみんなと共有し、
社会全体の課題にして解決しよう！

Audrey Tang:（「どうしたら世界をよい方向に変えられるか」と聞かれて）

Yes. So I will quote my favorite poet, Leonard Cohen, who said, and I quote—

❶ Ring the bells that still can ring.
Forget your perfect offering.
There is a crack, a crack in everything.
And that's how the light gets in.

❷ So, make sure that the next time you see a crack in something, maybe a chance of shoplifting, instead of doing anything that's for your personal benefit, write it up, take a photo, share it with a hashtag.

And before long, this crack in the society will become a social object that people can gather and talk about and innovate upon common values.

And so instead of just having one standardized answers, as the last century's education system teaches us, there will be many different possibilities that's[are] offered by the whole spectrum of the society.

❸ So don't do it alone. Do it with the entire society. There's no perfect offering.

（151 words）

語注

quote：引用する／ **Leonard Cohen**：レナード・コーエン（1934-2016。カナダの詩人、小説家）／ **offering**：捧げ物／ **crack**：割れ目、問題点／ **make sure that ...**：必ず〜となるようにする／ **chance of shoplifting**：万引きできる可能性／ **personal benefit**：個人的な利益／ **hashtag**：ハッシュタグ／ **standardized answer**：模範回答／ **spectrum**：範囲

訳 ▶ はい。では私の好きな詩人レナード・コーエン（の曲の歌詞）を引用しましょう。それは次のようなものです。

　まだ鳴らせる鐘を打ち鳴らせ
　完璧な捧げ物なんて忘れてしまえ
　割れ目が、すべてのものには割れ目がある
　それがあるから光が差し込んでくるのだ

したがって覚えておいてほしいのですが、今度みなさんが何かに割れ目（問題点）があるのに気づいたら、例えば万引きできそうな場面があったとしましょう。自分の個人的な利益になることをするのではなく、それについて書き、写真を撮り、ハッシュタグをつけてみんなとシェアしてください。

すると間もなく、社会にあるその欠陥は社会的な課題となり、人々は集まってそのことについて話し合い、共通の価値観に基づいて革新していくことができます。

そしてそうなると、前世紀の教育制度が私たちに教えるような模範回答を1つ得る代わりに、さまざまな可能性が出てくることでしょう。その可能性は社会全体が与えてくれるものです。

ですから1人だけでやろうとしないことです。社会全体といっしょにするのです。完璧な捧げ物などないのです。

📢 ここに注目！

抽象的な概念に解釈を加えて具体化する論理展開のパターンです。

❶は、タン大臣が頻繁に引用する歌詞の一節です。様々な状況に応用が可能な比喩表現が多く含まれています。この引用を紹介した後、❷の一文で解釈を加えて具体化し、その結果社会がどう変化するかを示しています。one standardized answers...の部分には、従来の教育システムに対する皮肉が少しこめられている点にも注目です。❶❷で根拠を示した上で、❸ではとても直接的な表現を使って簡潔に質問に答えています。

拡散する価値のある言葉が、
1.01人に広がれば世界は変わる！

Audrey Tang:（「私たちは世界を変えることができるか」と聞かれて）

❶ Yes, and we are changing the world right now. The world is changing because of your participation in this conversation.

If you understand the idea that's worth spreading and spread to at least 1.01 person on average, that idea will catch fire and become the new norm for the society.

❷ Numeric model shows[models show] that when three-quarters of people in Taiwan put on the mask, the virus will be gone.

And people understood the logic and then understand the epidemiology and [we] did whatever we can to get three-quarters of people masked as quick as possible.

That's why we won against the coronavirus with no lockdowns. But for each person, it's really literally just washing their hands with soap and putting on (a) mask.

❸ Seems like a small thing, but it changes the world if you can understand the science behind it and teach it to at least 1.01 other person.

(151 words)

語注

participation：参加／ **catch fire**：火がつく、広くもてはやされる／ **norm**：規範／ **numeric model**：数値モデル、（感染症）数理モデル／ **logic**：論理。数理モデルを理解するためのロジックのこと／ **epidemiology**：疫学、流行病学／ **win against...**：～に勝つ／ **lockdown**：都市封鎖／ **literally**：文字どおり

訳 ► できます。そして、私たちは今この瞬間に世界を変えているのです。世界は、この会話にみなさんが参加していることで変わっているのです。

拡散する価値のある考えを理解し、それを少なくとも平均して1.01人に広げれば、その考えに火がつき、それは社会の新しい規範となります。

（感染症の）数理モデルは、台湾の人口の4分の3がマスクを着用すれば、新型コロナウイルスは消えるだろうと示しています。

そして人々はその理屈を理解し、次に感染症について理解して、4分の3の人々にできるだけ早くマスクを着用してもらうために、できることは何でもしたのです。

だから私たちは都市封鎖をしなくても新型コロナウイルスに打ち勝ったのです。しかし、1人ひとりにとっては、文字どおり石鹸で手洗いをしてマスクを着けるだけのことです。

それはささいなことのように思われます。しかし、あなたがそれを裏づける科学（的根拠）を理解し、それを少なくとも1.01人の人に教えることができれば、それは世界を変えるのです。

📢 ここに注目！

話の導入部と結論部で自らの主張をくり返し述べて、間に具体例を挟む「**ハンバーガー型**」の論理構成です。

❶の冒頭We are ....、The world is ... のbe動詞を強形で発音し、世界を変えることが可能なだけでなく、実際に変化しているということを強調しています。そして❷ではマスク供給システムを具体例として取り上げています。10行目の And people understood ... が第二段落の If you understand... に対応しています。最後の❸では、if you can understand...と、第二段落での主張をもう一度言い換え、話を締めくくっています。

Audrey Tang

オードリー・タン
台湾デジタル大臣

7人目に取り上げるのは、オードリー・タン台湾デジタル大臣（39）です。タン氏の幼少期は、神童そのものでした。5歳で古典文学、6歳で高等数学の本を読み、8歳でプログラミングを独学で始めました。学校に馴染めず14歳で中退するも、ビジネスに転じて、15歳でIT企業を起業、19歳で米シリコンバレーでソフトウェア会社を起業しました。米アップル社顧問等を経て、33歳でビジネスから引退宣言、35歳で台湾の最年少かつトランスジェンダーとして世界初の閣僚（デジタル大臣）に就任し、現在に至ります。2019年、米外交専門誌『Foreign Policy』によって、「世界の頭脳100人」に選出されています。

これまでタン氏は、少なくとも3つの側面から脚光を浴びています。1つ目に、「台湾のコンピューター界における偉大な10人の1人」という言葉が示す通り、ソフトウェア・プログラマー・起業家として残した数々の実績です。FusionSearch、Perl6の実装Pugs、米アップル社のSiri（人工知能）などの開発に携わったことは、業界では有名です。

2つ目に、台湾行政院デジタル大臣としての活躍です。政府の情報透明化推進プラットフォーム「零時政府g0v.tw」の構築、市民参加型政策討論プラットフォーム「vTaiwan」の構築、市民・有識者から提言を募り、政策に取り入れるコンテスト「総統杯ハッカソン」の開催、フェイクニュース対策に特化した「フェイク情報調査室」の運営など、「徹底した透明性」という概念と文化を台湾政府に導入しました。

3つ目に、台湾政府のコロナ対策における活躍です。シンガポールと似ていますが、台湾においても、感染者346人、死者37人を出した2003年SARSなどの経験から、感染病危機管理の法制度やノウハウの蓄積がありました。早期から水際対策を徹底、国民の渡航歴情報を医療保険証とリンクさせ、濃厚接触者やクラスターを追跡・特定・隔離、医療保険証を使ったマスク配給とマスク着用の義務化など、効率的、効

台湾の蔡英文総統と話すオードリー・タン氏（2020年）。

果的で、かつ巧く計画・組織された対策によって、他国のようなロックダウン無しに感染拡大を収束させました。台湾のコロナ対策は、国際的にも称賛され、米経済・金融情報サービス会社、ブルームバーグは「世界一」と評価しています。

　タン氏は、このコロナ対策の成功の立役者の一人として、日本でも広く知られるようになりました。上述のマスク配給に際して、ドラッグストアのマスク在庫をスマホで確認できるアプリ「Mask Map」を開発。他にも、国の対策チームの中核として、ビッグデータ解析やAI技術を用いて対策モデルを樹立したと言われています。日本国内でも、東京都がオープンソース形式で開設したコロナ対策サイトに、一個人として表記に関して修正の提案をしてきたことで話題となりました。

　本書では、2020年9月21日にInspire High（日本の13～19歳を対象としたオンライン・スクール）がライブ・ストリーミングで配信したタン氏とのインタビュー記録から抜粋しています。以下、3点指摘しておきましょう。

　第一に、タン氏は相当な日本通であること。また、若い日本の聴衆に寄り添って語っていることです。専門のデジタル技術を通して日本をよく観察し、理解しているのはもちろんのこと、多方面にわたる知識と訪日経験も豊富です。「Mask Map」の開発を説明する際に、東日本大震災をきっかけに生まれた LINE を引き合いに出したことは、特にこの会の若い聴衆には効果的であったと考えられます。日本のメディアからの取材や日本人聴衆を対象とした講演に慣れており、高齢化、地方創生から農業まで自在に語れます。

　第二に、若者に寄り添っているという点と関連しますが、彼のメッセージは常にポジティブだということです。若者からの「世界は変えられるか?」という問いに対して、個人による、小さくても建設的な行動の重要性を指摘します。台湾のコロナ対策の成功も、その積み重ね。すなわち、感染予防シミュレーションから得られた知見を皆で共有し、理解した上で、手洗いから(国民の4分の3の)マスク着用まで、少しずつ皆が協力した結果だと説明しています。具体例を使って、巧みに希望を与えています。

　第三に、タン氏の語りの巧みさを真似るのは容易ではないということです。本書が取り上げたほかの6人は、英米を中心とするパブリック・スピーキング力が非常に重視される国々で、首相や州知事を務める政治家です。素質と訓練と場数と準備によって、彼(女)らは、演説のプロ中のプロになった人たちです。それに比べるとタン氏は、明らかに異なるタイプです。

　タン氏の語りの巧さは、パブリック・スピーキングの基礎で言うところのデリバリー(話し方)の技術的なものではなく、彼のあふれんばかりの知性と専門性を活かして次々と成し遂げてきた実績に裏打ちされたものであると言えるでしょう。聴衆は、彼の語りに聞き入り、実績に見入らざるを得ないのです。

【 解説者プロフィール 】

中西のりこ

兵庫県神戸市出身。大阪女学院短期大学英語科、神戸市外国語大学（国際関係学）卒業。同大学大学院修士課程修了（文学・英語教育学）。関西大学大学院博士後期課程（外国語教育）在籍中。専門は音声学と英語教育。短期大学卒業後、一般企業の営業職、神戸学院大学・関西国際大学・神戸市外国語大学、神戸市立葺合高等学校などでの非常勤講師を経て、現在、神戸学院大学グローバル・コミュニケーション学部教授、本書執筆時は、イギリスレディング大学客員研究員。

中嶋圭介

兵庫県豊岡市出身。神戸市外国語大学英米学科卒、米シラキュース大学行政大学院修士課程修了（国際関係学）。専門は人口高齢化の公共政策・ビジネス戦略インプリケーション。米ワシントン DC 所在の戦略国際問題研究所 (CSIS) 地球高齢化部・部長補佐兼主任研究員、米地球高齢化研究所 (GAI) 非常勤上級研究員等を経て、現在、神戸市外国語大学国際関係学科准教授。

危機時のリーダーの英語

2021 年 2 月 1 日　第 1 版第 1 刷発行

コスモピア 編集部　編
解説：中西のりこ、中嶋圭介

校正：小宮徹、高橋清貴
装丁：松本田鶴子

発行人：坂本由子
発行所：コスモピア株式会社
　　　　〒 151-0053　東京都渋谷区代々木 4-36-4　MC ビル 2F
営業部：TEL: 03-5302-8378 email: mas@cosmopier.com
編集部：TEL: 03-5302-8379 email: editorial@cosmopier.com
https://www.cosmopier.com/（コスモピア）
https://e-st.cosmopier.com/（コスモピア e ステーション）
https://ebc.cosmopier.com/（子ども英語ブッククラブ）

印刷・製本／シナノ印刷株式会社
音声編集・制作／メディアスタイリスト

「読み放題コース」新作シリーズ予告

Teen ELI Readers シリーズ

33冊

●フィクション・ノンフィクションが楽しめるシリーズで、多読アワードを受賞したオリジナル作品が多数。

シリーズの収録作品（一部）
Oliver Twist（YL2.2 / 6780 語）、Enjoy New York（YL2.6 / 7240 語）、David Copper filed（YL3.0 / 7700 語）、The Call of the Wild（YL3.0 / 7530 語）など

登録コンテンツ 約 **1500**

イギリスがテーマのタイトル多数！

Bob Books シリーズ

90冊

●はじめて英語に触れる子どもにぴったりのシリーズ。自分で「読める」になるための工夫が満載。

Mat sat on Sam.

シリーズの収録作品（一部）
Book 1 Mat（YL 0.2 / 33 語）、Book 2 Sam（YL 0.2 / 46 語）、Book 3 Dot（YL 0.2 / 49 語）など

Sound Adventures シリーズ

36冊

●フォニックスを学ぶためのオリジナルシリーズ。

シリーズの収録作品（一部）
A Blimp in the Blue（YL0.4/254 語）、A Ship and Shells（YL0.4/232 語）、Fish Mission（YL0.4/188 語）など

現在「読み放題コース」に登録されている全タイトルリストはこちらからご覧いただけます。（PDF データ）

\\本誌のご意見・ご感想をお聞かせください！//

本誌をお買い上げいただき、誠にありがとうございます。
今後の出版の参考にさせていただきたく、ぜひ、ご意見・ご
感想をお聞かせください。（PC またはスマートフォンで下記
のアンケートフォームよりお願いいたします）

https://forms.gle/E HnDR39dimosobtC8